特別支援教育サポートBOOKS

特別支援学校
新 学習指導要領を読み解く

「各教科」「自立活動」の授業づくり

新井 英靖 編著
茨城大学教育学部附属特別支援学校 著

明治図書

はじめに

　学習指導要領が改訂されたから，全ての授業を新しくしなければならないというものではありません。その一方で，新しい学習指導要領に示されているポイントをふまえてこれまでの教育実践を見つめ直し，時代に即した授業づくりへとリニューアルしていくことは必要です。

　本書は，平成30年３月に出された特別支援学校学習指導要領解説（総則編，各教科等編，自立活動編）をもとにして，そこに記述されていることのポイントを解説するとともに，筆者の捉え方（読解）を織り交ぜて，今後の授業づくりの方法について述べたものです。

　そのため，本書では，新学習指導要領の評価や課題などを中心に論じるのではなく，数百ページにも及ぶ新しい特別支援学校学習指導要領解説の重要部分をできるだけ忠実に読み解き，日々の授業にどう生かすのかという点を丹念に論じています。

　もともと日本の学習指導要領は，「法規としての性格を有するもの」とされていますので，そこに記述されている内容から大きく逸脱した教育実践を展開することは許容されません。しかし，その一方で，学習指導要領は，「教育の内容等について必要かつ合理的な事項を大綱的に」示すものであり，「各学校における指導の具体化については，学校や教職員の裁量に基づく多様な創意工夫を前提としている」とも書かれています（解説総則編，p162）。

　これは，学習指導要領の「基準性」と呼ばれるものです。すなわち，「学習指導要領に示している内容は，全ての児童生徒に対して確実に指導しなければならないものであると同時に，個に応じた指導を充実する観点から，児童生徒の学習状況などその実態等に応じて必要がある場合には，各学校の判断により，学習指導要領に示していない内容を加えて指導することも可能である」と解説されています（解説総則編，p162）。

　本書は，こうした「基準となるべき学習指導要領」のポイントを解説する

とともに、「創意工夫の中で」授業を考案できるようにするための情報を加えて1冊の本に編集したものです。つまり、「ルールブックとしての学習指導要領」と「実践のヒントとなる情報源としての学習指導要領」という両面を意識して、今後の特別支援教育の授業づくりの方向性を指し示すことを目的とした本であるということです。

本書はこうした意図で編集されたものですので、主として、
・今回の学習指導要領はこれまでの学習指導要領と何が違うのか
・特別支援学校と小学校・中学校の学習指導要領はどのように連続していて、どこが特別支援教育の特徴なのか
という点を、できる限り明確にできるように整理して示すことに多くの紙面を割きました。

そのため、今回、改訂された特別支援学校学習指導要領だけを取り上げて解説するのではなく、平成21年に出された特別支援学校学習指導要領解説や、今回の改訂を方向付けた平成28年の中央教育審議会答申についても適宜、引用し、比較しながら記述しました。また、小学校や中学校の学習指導要領解説と有機的にリンクさせて、今回の特別支援学校学習指導要領改訂のポイントをより鮮明にイメージできるように編集してあります。

ただし、本書では特別支援学校学習指導要領と実際の授業とを結び付けることに主眼を置きましたので、学校運営に関する項目についてはほとんど取り上げていません。この点については今後の課題とさせていただければと思っております。

特別支援教育に限らず、授業づくりというものは日々、改善の繰り返しです。新しい学習指導要領が改訂されたことを契機に新しい授業のかたちをさらに模索していき、子どもたちが楽しく、伸びる授業を追究していきたいと考えています。

2018年8月

編著者　新井　英靖

本書の特徴と活用の仕方

　本書は，平成30年3月に出された特別支援学校学習指導要領解説（総則編，各教科等編，自立活動編）を中心に取り扱っています。第1章から第5章までの構成で編集されていますが，どの章から読んでもかまいません。授業づくりを考える際に，必要な箇所だけ読んでいただくことも一つの活用の仕方です。

　学習指導要領解説を引用する場合には，可能な限り，該当箇所を示しました。学習指導要領解説を傍らに置いて，該当ページを確認しながら本書を読んでいただけると，より理解が深まると思います。

　なお，引用の際には，平成30年3月に出された特別支援学校学習指導要領解説を引用するときは「解説○○編」という形で表記しました。また，中央教育審議会答申を「中教審」として略語で示し，必要に応じて，何年に出されたものであるかが分かるように発行年を記しました。

　また，本書が解説している内容は，「小学部・中学部」の知的障害児教育に関する箇所です。幼稚部や高等部，あるいは他の障害児の教育については，教科や領域の名称が異なったり，目標や内容も異なる点が多くありますので，本書の理解だけでは十分ではありません。これら他の学部や他の障害種の子どもの教育課程と授業づくりの方法に関する解説は別の機会にゆずりたいと考えています。

　今回の改訂で，特別支援学校学習指導要領解説は，とても分厚い内容となりました。そのため，学校現場からは「どこから読んだらよいか分からない」という声もよく聞きます。本書は，その読み方の一つを示すものであり，これ以外の捉え方ができないというものではありません。

　多くの読者が，新しく出された特別支援学校学習指導要領解説を読み進めていくための一助として本書を活用していただければ幸いです。

参考文献資料の表記（略称）について

　本書は主として以下の資料をもとに解説しています。該当するページ等を示す際に【　】に記した略称を用いて表記しています。

【中教審答申】
・中央教育審議会（2016）「幼稚園，小学校，中学校，高等学校及び特別支援学校の学習指導要領等の改善及び必要な方策等について」平成28年12月21日．

【平成21年・解説総則等編】
・文部科学省（2009）「特別支援学校・学習指導要領解説　総則等編（幼稚部・小学部・中学部）」平成21年6月版．

【解説総則編】
・文部科学省（2018）「特別支援学校教育要領・学習指導要領解説　総則編（幼稚部・小学部・中学部）」平成30年3月版．

【解説各教科等編】
・文部科学省（2018）「特別支援学校学習指導要領解説　各教科等編（小学部・中学部）」平成30年3月版．

【解説自立活動編】
・文部科学省（2018）「特別支援学校教育要領・学習指導要領解説　自立活動編（幼稚部・小学部・中学部）」平成30年3月版．

【平成29年・小学校解説〇〇編】
・文部科学省（2017）「小学校学習指導要領解説　国語編」平成29年7月版．
・文部科学省（2017）「小学校学習指導要領解説　算数編」平成29年7月版．

＊なお，上記以外の資料を引用する場合には，略称ではなく資料名全てを記載しました。

目次

はじめに 2
本書の特徴と活用の仕方 4
参考文献資料の表記（略称）について 5

第1章　総則編

1 「主体的・対話的で深い学び」と授業づくり 10
- 実践　小学部　算数科　学習指導案① 12
- 実践　小学部　算数科　学習指導案② 17

2 育成を目指す「資質・能力」と授業づくり 21
- 実践　中学部　生活単元学習　学習指導案 28

3 カリキュラム・マネジメントと授業づくり 32
- Q 「社会に開かれた教育課程」と「カリキュラム・マネジメント」はどのように関連しているのですか？ 35

第2章　各教科等編　―各教科に共通する改訂のポイント―

1 各教科の目標・内容と授業づくり 38
- 実践　小学部　国語科　学習指導案① 47

2 各教科の指導と評価 51
- 実践　小学部　国語科　学習指導案② 54

3 学習指導案の立案と授業づくり 60
- Q 各教科の目標と内容が小学校・中学校の学習指導要領との連続性をふまえて改訂されたのは，インクルーシブ教育の推進と関係があるのですか？ 68

第3章　各教科等編　―各教科の授業改善のポイント―

1 国語の授業づくりのポイント　72
実践　中学部　国語科　学習指導案　74
Q　小学校の国語では「話すこと・聞くこと」となっているのに，なぜ特別支援学校では「聞くこと・話すこと」となっているのですか？　78

2 算数・数学の授業づくりのポイント　79
実践　小学部低ブロック（2年生）　算数科　学習指導案　82
Q　算数・数学の「学びに向かう力，人間性等」のイメージがわきません。どのように考えればよいでしょうか？　89

3 生活科（理科・社会科）の授業づくりのポイント　90

4 美術科・音楽科の授業づくりのポイント　100
実践　小学部（低学年－1・2・3年）　音楽科　学習指導案　103
実践　中学部　美術科　学習指導案　108

5 職業・家庭科と作業学習の授業づくりのポイント　112
実践　中学部　職業・家庭科　学習指導案　117

6 体育科の授業づくりのポイント　121

7 残された実践課題―特別の教科・道徳／外国語活動　125
Q　小学部1段階と中学部1段階はどのように違うのですか？　132

第4章　自立活動編

1 自立活動の授業がなぜ必要なのか？　136

Q 小学部から中学部・高等部へと学年が上がるにしたがって，自立活動の目標や内容をどのように変化させていくとよいのですか？　142

2 実態把握と指導課題を設定するプロセス　143

3 自立活動の内容と授業づくり　154

Q 自立活動の「人間関係の形成」と「コミュニケーション」の違いは，身体的にやりとりするか，言語的にやりとりするかの違いですか？　169

第5章　今後の新しい授業実践を創造するために

1 新しい学習指導要領に基づく特別支援教育の授業づくりの課題　172

2 「資質・能力」の育成と授業づくりに関する留意点　174

3 「学びに向かう力，人間性等」を評価することはできるか？　176

4 小学校・中学校との連続性を意識した授業づくりの課題　178

5 今後の新しい授業づくりに向けて　181

第1章
総則編

1 「主体的・対話的で深い学び」と授業づくり

> 児童生徒に必要な資質・能力を育むための学びの質に着目し，授業改善の取組を活性化していく視点として「主体的・対話的で深い学び」を位置付けた。「主体的な学び」，「対話的な学び」，「深い学び」の視点は，各教科等における優れた授業改善等の取組に共通し，かつ普遍的な要素である。
>
> （解説総則編，pp250-251）

1 「主体的な学び」とアクティブ・ラーニング

　今回改訂された学習指導要領は，「授業づくり」という点からみれば，「主体的・対話的で深い学び」を展開できるかどうかが最大のポイントです。これは，これまでの学習指導要領において「言語活動の充実」として進めてきたことの延長線上にあり，ここ数年，「アクティブ・ラーニング」として議論されてきたことが，学習指導要領に位置付けられたと考えられます。

　ただし，教師が一方的に授業をするのではなく，アクティブ・ラーニングを充実させて，児童生徒が「主体的に学ぶ」ことを大切にするといった授業づくりは，特別支援教育の多くの教師にとってそれほど新しい教育改革であると感じないかもしれません。特に，知的障害児を指導する教師は，授業で子どもが楽しいと感じる活動を用意し，アクティブ（能動的）に，主体的に学ぶように展開しなければ，そもそも授業は成立しないと考えている人も多いと思われます。

特別支援学校学習指導要領解説においても，この点について，「児童生徒に求められる資質・能力を育成することを目指した授業改善の取組は，これまでも多くの実践が重ねられて」きたと指摘されています。そのため，「主体的・対話的で深い学びの実現に向けた授業改善を行うこと」は，決してこれまで「着実に取り組まれてきた実践を否定し，全く異なる指導方法を導入しなければならないことであると捉える必要はない」と指摘されています（解説総則編，p251）。

　ただし，これまでの授業が「主体的な学び」「対話的な学び」「深い学び」の三つの視点に立ってしっかりできていたかという検証は必要です。たとえば，これまでの特別支援学校の授業では，「主体性」や「社会性」についてはかなり意識して授業を行ってきたように思われますが，「対話」や「学びの深さ」があったかという点については，検討の余地が多くあると考えます。

2　「主体的な学び」「対話的な学び」「深い学び」の特徴

　この点を検討するために，まず「主体的な学び」「対話的な学び」「深い学び」は，それぞれどのような特徴を有し，どのように相互に関連し合っているのかについてみていきたいと思います。「主体的な学び」「対話的な学び」「深い学び」は，平成28年中教審答申に示されていますが，そこで述べられている内容を読むと以下のようなキーワードを抜き出すことができます。

主体的な学び	学ぶことの興味や関心／自己のキャリア形成との関連付け，粘り強い取り組み／学習活動の振り返り，次につなげる学び
対話的な学び	子供同士の協働／教師や地域の人との対話／先哲の考え方をもとに考える
深い学び	習得・活用・探究という学びの過程／知識を相互に関連付ける／情報の精査と考えの形成，思いや考えを基に創造する

（中教審答申，pp49-50より筆者が抜粋。一部，要約した箇所がある。）

授業づくりにおいては，こうしたキーワードをもとにして「主体的な学び」を引き出す工夫があったか，「対話」を促す授業展開であったか，「学びが深まる」単元計画となっていたかなどを意識して学習指導案を作成することが求められます。

　しかし，「主体的・対話的で深い学び」という考えは，もともと「アクティブ・ラーニング」という用語で包括して述べられてきたものです。そのため，これら三つの視点は本来，別々に学ぶことではなく，一体的に授業を展開していくことが大切であると考えられます。

　それでは，具体的にどのような授業を展開すると，「主体的，対話的で，深い学び」を実現できるのかという点について考えていきたいと思います。特別支援教育では，さまざまな実態（発達・障害特性）の子どもが一緒に学んでいることが多いので，そうした子どもたちのクラスで「主体的・対話的で深い学び」を実現しようと思ったら，みんなで楽しく学べる教材を開発しなければなりません。

　もちろん，「みんなで楽しく活動していればよい」というわけではありません（こうした授業を中教審答申では，「活動あって学びなし」［中教審答申，p48］と批判しています）。そうではなく，「深い学び」へとつながる学習の流れ（単元計画）をつくり，その中で一人一人の指導課題を取り上げることができるように授業を展開することが重要になります。

　具体的に次頁に掲載した知的障害児に対する算数の授業（『全部でいくつ？―あおむしさんを育てよう―（計数・多少）』）で考えてみましょう。

実践　小学部　算数科　学習指導案①

1　単元名　「全部でいくつ？―あおむしさんを育てよう―」（計数・多少）

2　単元設定の理由

○本グループは，小学部高学年男子2名で構成され，基本的な学習態度は身に付いており，活動内容を理解して学習に取り組むことができる。
○算数の実態について，A児は3までの数唱はできるが，動作と数唱が一致せず，正確な計数が難しい。また，教師と一緒に（半）具体物を数え，2までを集合数として理解できる（1段階）。B児は（半）具体物を10まで数えられるが，集合数の理解が難しい。また，感覚的に「多少（大小）」の判別ができるが，数の比較は難しい（2段階）。本授業では，こうした2名に対して，（半）具体物の操作的活動を通し，量感を養いながら，数唱と計数を結び付け，集合数の理解を高めることで，数の多少（大小）の理解に発展させたいと考えた。
○本単元では，A児・B児の興味関心が高く，身近な動物や食べ物が登場する『はらぺこあおむし』を教材とし，楽しみながら学習できるようにした。また，あおむしが，食べ物を食べてちょうになるという文脈の中で，食べた数を意識したり，その結果，ちょうが成長して大きくなったということを関連付けることで，感覚から数の比較の学習に発展できるのではないかと考えた。
○具体的には，導入場面で，歌や読み聞かせを通し，児童が『はらぺこあおむし』の世界をイメージし，楽しみながら活動することで，主体性を引き出したい。そして，二人でりんごの模型を数える活動を設定し，互いの様子を見たり，教師が媒介しながら，自分のやり方を説明するなど，児童同士の学び合いを促し，数唱や集合数の理解を深めたいと考えた。最後に，食べたりんごの数と，ちょうの大きさを話し合いながら考える活動を設定することで，集合数の学習を活用させ，大小の比較の学習へと発展させていきたいと考えた。

3　単元の目標
○数に対する意識を高め，3までの数を理解することができる（A児）。
　10までの集合数を理解することができる（B児）。

10までの数の「多少（大小）」を理解することができる（B児）。

(知識及び技能)

○3までの数を指数字や数字カード，数字で表現することができる（A児）。
10までの集合数を数字カードや数字で表現することができる（B児）。
10までの数の「多少（大小）」を比較することができる（B児）。

(思考力，判断力，表現力等)

○『はらぺこあおむし』に出てくる食べ物やちょうに関心をもち，その数を数えることに意欲的に取り組もうとする（A児・B児）。

(学びに向かう力，人間性等)

4　指導計画（15時間取扱い：1単位45分）

第1次：いろいろなものを数えてみよう……5時間

第2次：全部でいくつ？―あおむしさんを育てよう―……10時間（本時は第5時）

(本時の展開はpp17-19に掲載した)

＊なお，学習指導案に示した3種類の下線は以下のように区別しています。
＿＿＿＿…「主体的な学び」に関する記述／＿＿＿＿…「対話的な学び」に関する記述／～～～～…「深い学び」に関する記述

■　解説　■

　この授業では，算数の授業であるにもかかわらず，国語の教材として使われることの多い『はらぺこあおむし』を教材として選定しています。これは，主体的に学習できる楽しい活動を用意するためには，子どもの興味・関心がまず重要と考えたからです。もちろん，だからといって，興味・関心があれば何でも教材になるということではありません。

　この授業では，あおむしが食べ物を食べてちょうに成長するというストー

リーを生かして，次のような算数・数学的な見方や考え方を身に付けさせたいと考えました。
①食べ物を準備することで一対一対応の学習ができる
②準備した食べ物を数えることで計数や数詞の学習ができる
③食べた数を確認することで集合数の学習ができる
④最後に食べた数と成長したちょうの大きさを比べることで多少（大小）の比較の学習ができる

　このように，『はらぺこあおむし』に含まれる算数で学べる内容を注目して教材として活用しています。言い換えると，教科の学習をする場合には，楽しいだけの「活動あって学びなし」とならないように，その教科の「見方・考え方」に注意を向けなければなりません。

　また，特別支援学校では，国語や算数のような認知能力が強く影響する学習は，同じような課題の児童が集まったグループで学習するのが一般的ですが，それでも児童の実態には差があります。そのため，目標を個別化し，児童の多様性に対応することも大切です。

　それでは，こうした多様な実態の児童が「対話的に学ぶ」にはどうしたらよいでしょうか。今回の授業では，学習が他者との対話や一緒に協力して取り組むことで深まるという点を大切にして取り組みました。具体的には，お互いの様子を見たり，教師が媒介となって，児童同士の話し合い活動を取り入れることで対話的な学びができるように展開しました。

　さらに，知的障害児は自分の思いや考えが十分に自覚できなかったり，言葉で表現することが難しい場合があります。そのため教師が子どもの気持ちを代弁したり，言葉でのやりとりを通して考えを整理できるように支援することで児童同士の対話を促すことにも配慮して授業を進めました。

　このように，対話的・協働的な活動を設定し，活用・探求を図ることで数の原理を少しずつ理解できるようになると考えます。このとき，授業づくりのポイントとしては，教材の選定や児童同士の関わり合いを行うことができる場面を意図的に学習指導案に組み入れることが，「深い学び」へと結び付

くと考えます。

(遠藤 貴則)

3 「主体的・対話的で深い学び」につながる授業展開

「主体的・対話的で深い学び」は単元計画（授業設計）の際に意識すればよいのではなく，実際の授業（学習指導案でいえば「本時の展開」）においても実現できなければなりません。それでは，どのような授業を展開すれば，「主体的・対話的で深い学び」へと発展していくのでしょうか。

この点について，平成28年中教審答申では，次のように指摘しています。

> 学びの過程において子供たちが，主体的に学ぶことの意味と自分の人生や社会の在り方を結び付けたり，多様な人との対話を通じて考えを広げたりしていることが重要である。また，単に知識を記憶する学びにとどまらず，身に付けた資質・能力が様々な課題の対応に生かせることを実感できるような，学びの深まりも重要になる。　　　　　　　　　　　　　　（中教審，p47)

以上の指摘を単純に解釈すれば，主体的に学ぶことは，「人生や社会の在り方と結び付く」ものであり，多様な人と「対話」的に学ぶことで，考えが広がると考えられます。また，「深く学ぶ」ということは，単に知識や技能を身に付けることにとどまらず，「諸課題への対応に生かせることを実感する」ことだといえます。

新しい学習指導要領においても，こうした中教審の考え方を引き継いで，「深い学び」へとつながる授業を展開していくことを求めています。

そこでは，「深い学び」について「新しい知識及び技能を既にもっている知識及び技能と結び付けながら社会の中で生きて働くものとして習得したり，思考力，判断力，表現力等を豊かなものとしたり，社会や世界にどのように関わるかの視座を形成したりするために重要なもの」と記されています（解説総則編，p252)。この記述から分かることは，「知識等を結び付けて理解

が深まること」や「表現を通して社会とつながること」などが「深い学び」であると考えられているということです。

そして、授業の中でさまざまな知識や技能が結び付き、意味が分かるようになり、それをもとにして社会に向かって表現できるようになると、子ども自身が「社会や世界にどのように関わるかの視座」がはっきりしてくるでしょう。たとえば、一般的に子どもは、数が数えられるようになってきたら、いろいろな物を同じやり方で数えようとしたり、「三つください」と相手に伝える「数学的な表現力」が生活の中で発揮できるようになります。そして、「積極的に数を使って生活しようとする態度（社会や世界との関わりの視座）」へとつながっていくように指導を進めていくことが、新しい学習指導要領では求められているということです。

ここで確認をしておかなければならないことは、以上のような知識や技能が多様に結び付き、「深い学び」へとつながる授業づくりは教科によってその方法や内容が異なるということです。今回の学習指導要領では、各教科の「見方・考え方」を育てる中で、「深い学び」ができるように授業を行うことが求められています。

それでは、以上の点をふまえた授業とはどのようなものとなるのでしょうか。先に取り上げた『全部でいくつ？—あおむしさんを育てよう—（計数・多少）』の「本時の展開」を例にして具体的に考えていきましょう。

実践

小学部　算数科　学習指導案②

1　単元名　「全部でいくつ？—あおむしさんを育てよう—」（計数・多少）
（詳しい単元計画については pp12-14 参照）

2 本時の展開（⇒評価の観点）

時間	学習内容・活動	指導・支援上の留意点
20	1 『はらぺこあおむし』の歌を歌う。	・一緒に歌い楽しい雰囲気を作ることで，『はらぺこあおむし』の世界をイメージすることができるようにする。
	2 『はらぺこあおむし』の絵本を読む。	・イラストをもとに「あおむし」の様子や気持ちを代弁しながら説明することで，数えることの意味を自分なりに考えながら，活動することができるようにする。
	3 「あおむしさんを育てよう」ゲームをする。 (1)自分の「あおむしさん」を選ぶ。 (2)ホワイトボードの木からりんごの模型を取ってくる。 (3)取ってきたりんごの模型を自分の「あおむしさん」に数えながら食べさせる。 (4)「あおむしさん」が食べたりんごの模型を数えながら10マス枠に入れる。 (5)集合数を確認し，数字カードを選ぶ。	A児 ・数唱が止まってしまったときには，一緒に数えることで，3までの数唱ができる。⇒教師の数唱を聞き3までの数唱ができたか（発表・観察）。 B児 ・数唱の最後の数をゆっくり，はっきりと伝えることで集合数を答えることができるようにする。⇒最後の数を意識し，集合数を答えられたか（発表・観察）。 ⇒自分から集合数の知識を使い模型を数えようとすることができたか（発表・観察）。 A児 B児
	4 どんなちょうになるかを話し合う。	・10マス枠を並べ，差を視覚的に分かりやすくすることで，多少（大小）

(1)二匹のあおむしがどんなちょうになるか話し合う。 (2)大きなちょうの模型と小さなちょうの模型を提示する。 (3)それぞれのあおむしの食べたりんごの模型の数に注目することでちょうの大きさを考える。	を答えることができるようにする。 ⇒差に注目することで，多少（大小）を答えることができたか（発表・観察）。 ・食べた量とちょうの大きさを関連付ける発問をすることで，量感と数を関連付けて理解することができるようにする。 ⇒食べた数の多少と成長したちょうの大小を結び付けることができたか（発表・観察）。 ・数えた後に，数字を書くことで，集合数を正しく書くことができるようにする。⇒集合数を書くことができたか（ワークシート）。 ⇒集合数や大小（多少）の知識を使い，ちょうの大きさを考えていたか（発表・観察）。

■ 解説 ■

　実際の授業では，A児とB児ともに，本人たちにとってなじみの深い『はらぺこあおむし』のお話を教材としたこともあり，児童は授業の最初から興味をもって参加することができました。

　はじめの歌の場面では，自分の知っている単語や覚えているフレーズを歌う様子が見られました。また，読み聞かせの場面では，「あおむし」など絵本に出てくるキャラクターや食べ物の名前を自分から発言する様子が見られました。このように，興味・関心の高いお話を教材にしたことで，児童の豊かなイメージが喚起され，学習に「主体的」に参加することができたと思い

ます（主体的な学び）。

　さらにこの授業は，友達同士の関わり合いも大切にして取り組みました。具体的には，Ａ児の気持ちをＢ児にも分かりやすく伝えたり，逆にＢ児の気持ちをＡ児に分かりやすく伝えるために，教師が児童同士の対話ややり取りを仲立ち（媒介）したりしました（対話的な学び）。このように支援することで，児童がさらに表現したいと思うようになり，授業が「わいわい」とにぎやかなものになったと感じています。

　また，児童は，教師の説明よりも友達のやっている様子を見ることや友達の発言から多くのことを学んでいました。たとえば，この授業では，Ａ児はＢ児の様子を見て，左から順番に枠に入れることができるようになりました。ちょうの大きさを話し合うような学習場面でも，Ａ児の「大きい」という言葉を教師が「たくさん食べると大きくなるよね」と言葉で整理しながら，Ｂ児に投げかけることでＢ児がりんごの模型の数とちょうの大きさを関連付けて理解し学びが深まっていったと感じました（深い学び）。

　以上のように，絵本のお話（ストーリー）を取り出し，「対話」的な学びを大切にしながら，「あおむしにりんごを食べさせる」といった具体的な操作活動を行ったので，Ａ児・Ｂ児ともにりんごの「大きさ」や「数」にだいぶ着目できるようになったと感じています（数学的な見方・考え方）。このことは，あおむしが登場したときに児童が笑顔になったり，食べ物が登場してきたときに「りんご」と言葉を発する児童がいたり，「りんご好き！」などと発言する児童がいたことからも分かりました（pp18-19本時の展開の中の「学びに向かう力」等に対する評価の観点「模型を数えようとする」場面）。

　以上のように，この授業は，「面白い（読んでみたい）」という気持ちを共有できる教材の中で，「他者」と関わりながら学ぶことで，「大きい」といった数学的な見方・考え方が少しずつできるようになった授業であると評価することができます。一つの授業を細かく分析していくと，この授業のように教材や他者が児童の認識とからみ合って，「深い学び」につながっていく過程がみえてくると考えます。

（遠藤　貴則）

2 育成を目指す「資質・能力」と授業づくり

> 学校教育には，子供たちが様々な変化に積極的に向き合い，他者と協働して課題を解決していくことや，様々な情報を見極め知識の概念的な理解を実現し情報を再構成するなどして新たな価値につなげていくこと，複雑な状況変化の中で目的を再構築することができるようにすることが求められている。
> 　　　　　　　　　　　　　　　　　　　　　　　　（解説総則編，p2）

1　予測困難な時代を生き抜く児童生徒の育成

　学習指導要領は，直近，約10年間の社会の変化を反映し，現代に生きる子どもを育てるために必要な教育の方向性を示すものです。今回の学習指導要領では，教育界が対応すべき社会の変化として，「人工知能（AI）の飛躍的な進化を挙げることができる」と述べられています（解説総則編，p2）。

　これは，今後の雇用にも大きな変化を与えることが予想されるものです。そのため学校で身に付けるべき知識や技能についても変わっていかなければならないと考えられています。たとえば，情報機器やロボットがさまざまな仕事を担うようになると考えられるので，これから社会に出ていく子どもたちには，人工知能には難しいと言われている「人間のよさ」にあたる能力を身に付け，社会の中でその力を発揮できることが求められています。

　このような時代には，「他者と協働して課題を解決していくこと」や，「新たな価値につなげていくこと」，「複雑な状況変化の中で目的を再構築するこ

と」などの力が求められ，新しい学習指導要領ではこうした力を身に付けることができるように目標や内容が改訂されました（解説総則編，p2）。

具体的には，各教科等において育成を目指す「資質・能力」が明確化され，その資質・能力として以下の三つの柱を育てることが教育の目的となりました。

知識及び技能	「何を理解しているか，何ができるか」 知識や技能なしに，思考や判断，表現等を深めることや，社会や世界と自己との多様な関わり方を見いだしていくことは難しい。
思考力，判断力，表現力等	「理解していることやできることをどう使うか」 状況と自分との関わりを見つめて具体的に何をなすべきかを整理したり，既得の知識や技能をどのように活用し，必要となる新しい知識や技能をどのように得ればよいのかを考える力。
学びに向かう力，人間性等	「どのように社会や世界と関わり，よりよい人生を送るか」 他の二つの柱をどのような方向性で働かせていくかを決定付ける重要な要素。

（解説総則編，pp191-193を筆者がまとめた。）

こうした教育改革の基本的な方向性については，特別支援教育であるかどうかに関わらず重要なものであり，小学校や中学校の学習指導要領でも同様に指摘されています。

2　教科等横断的な視点に立った授業づくりの重要性

育成を目指す三つの柱として示された「知識及び技能」「思考力，判断力，表現力等」「学びに向かう力，人間性等」は，新しい学習指導要領では，上記の順で統一されて記載されています。そのため，もしかしたら，この順に育てていくのだと考えてしまう人がいるかもしれません。しかし，この順序は決して習得の順序を示すものではありません。

むしろ,「学びに向かう力,人間性等」は「他の二つの柱をどのような方向性で働かせていくかを決定付ける重要な要素」と位置付けられていますので,これが学習の基盤であると解釈することもできます。少し極端な言い方をすれば,「学びに向かう力」が脆弱な授業では,「知識及び技能」「思考力,判断力,表現力等」も十分に育成できない可能性があると考えることもできます。

　特に,今回の学習指導要領では,AIが急速に普及する中で,将来の姿が予測困難な時代であるので,現在必要と考えられるスキルを単発で習得する教育ではなく,どのような時代が到来しても活用・応用ができる「汎用的能力」を獲得する教育が求められています。

　このように考えると,育成を目指す資質・能力として挙げられた「三つの柱」は,順序性をもって獲得されると捉えるのではなく,常に重なり合う部分があり,「一体的」に育成されるべきものであると考えられます。

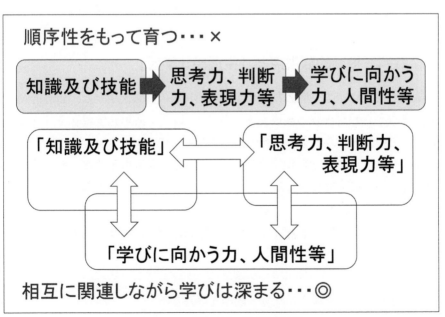

主体的・対話的・深い学びの関連性

授業づくりの視点からこうした三つの柱の関係を捉えると，まず，一つの教科において三つの柱を関連させながら学習を進めていくことが重要です。加えて，育成を目指す資質・能力は，いくつかの教科で学んだことを総合して身に付くものであると考えられています。そのため，新しい学習指導要領では，「教科等横断的な視点に立った資質・能力の育成」の重要性が指摘されています（解説総則編，pp204-205）。

　たとえば，「言語能力」は，国語だけで育てるものではないと考えることは比較的容易にできるでしょう。数学や理科においても，あるいは体育や音楽においても，「その教科の言語」を使って思考し，表現することがあります。そのため，これまでの学習指導要領では，全ての教科において「言語活動の充実」を掲げて実践してきました。

　今回の学習指導要領では，このような多くの教科に共通する資質・能力として，「言語能力」のほかに，「情報活用能力（情報モラルを含む。）」や，「問題発見・解決能力」なども含められるようになりました（解説総則編，p205）。

3　教科等横断的な視点と「生活単元学習」

　特別支援教育では，以上のような「各教科等の特質を生かし，教科等横断的な視点から教育課程の編成」をすることは，「生活単元学習」や「作業学習」などの領域・教科を合わせた指導としてすでに実践されてきたことです。今回の特別支援学校学習指導要領においても，「生活単元学習」や「作業学習」などの領域・教科を合わせた指導は，これまでの学習指導要領と同様に設定できるようになっています。

　たとえば，生活単元学習は以下のような指導であると解説各教科等編に記載されています。

- ・生活上の目標を達成したり，課題を解決する
- ・一連の活動を組織的・体系的に経験する

・自立や社会参加に必要な事柄を実際的・総合的に学習する

（解説各教科等編，p32を筆者がまとめた。）

　それでは，新しい学習指導要領では，これまでの生活単元学習をどのように捉え直す必要があるのでしょうか。

　新しい学習指導要領の「生活単元学習」の項目だけをみていたとしたら，「何も記述が変わっていないのだから，同じような実践でよい」ということになります。しかし，育成を目指す資質・能力が改訂されているのだから，生活単元学習で育てるべき点も変化する必要があります。

　具体的に考えていきましょう。これまでの学習指導要領では，国語（あるいは算数・数学）などの教科学習が「日常生活に必要な国語（あるいは算数・数学）」の能力を育てることに主眼が置かれていましたので（詳しくは第3章1・2を参照），「生活単元学習」の目標と国語（あるいは算数・数学）の目標を「合わせて」指導することができました。

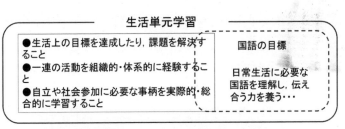

従前の学習指導要領における生活単元学習と国語のねらい

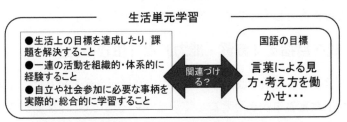

新しい学習指導要領における生活単元学習と国語のねらい

一方で，今回改訂された新しい学習指導要領では，教科指導において育成を目指す資質・能力が明確に示され，小学校や中学校の学習指導要領との接続が重視されました。そのため，「生活単元学習」ならではの目標（たとえば，「一連の経験的活動」や「生活上の課題を解決する」といった点）と，「国語」の目標とが重なり合う部分が少なくなったといえるでしょう。

　もともと生活単元学習は，知的障害児が「学習によって得た知識や技能が断片的になりやすく，実際の生活の場面の中で生かすことが難しい」という特性があることから設定されたものです。この点については，今回の学習指導要領においても継承されています（解説各教科等編，p26）。

　一方で，新しい学習指導要領では，教科学習の目標が「各教科の見方・考え方」を育てることへと変化し，これまでの学習指導要領で重視されてきた「生活に必要な力を育てる」という側面が薄められています。こうした中で，生活単元学習を教育課程に位置付けて実践していくとしたら，各教科で身に付けた「見方・考え方」をより，実際的で，一連の体験的な活動を通して「総合化」するという側面が重視されると考えられます。

　つまり，今後，生活単元学習を展開する場合には，これまで以上に，教科等で育成する資質・能力（各教科の見方・考え方）をどのように実際の生活場面で総合化し，「生きて働く力（活用・応用）」にすることができるかという点を焦点化していくことが必要であると考えます。

　そして，このことは，作業学習などの他の領域・教科を合わせた指導においても同様です。そのため，職業・家庭科などの教科学習と作業学習との関係，あるいは生活科と「遊びの指導」や「生活単元学習」との関係などを整理し，実践を検討していくことが必要となるでしょう。

4　育成を目指す「資質・能力」と「生きる力」

　今回の学習指導要領で改訂された主な内容は，さかのぼれば，平成8年に出された中教審答申が起点となっています。そこでは，「社会が変化しようと，自ら課題を見つけ，自ら学び，自ら考え，主体的に判断し，行動し，よ

りよく問題を解決する資質や能力」を身に付けることが必要であると指摘されました。

今回の改訂では，平成8年当時から育成することが目指されてきた「生きる力」の意義を改めて捉え直し，しっかりと発揮できるようにしていくことを目指したものです（解説総則編，pp174-175）。そこでは，これまでの「生きる力」を継承する形で，「児童生徒一人一人が，社会の変化に受け身で対応するのではなく，主体的に向き合って関わり合い，自らの可能性を発揮し多様な他者と協働しながら，よりよい社会と幸福な人生を切り拓き，未来の創り手となる」ために必要な力を育てていくことが重要であると指摘されています（解説総則編，p175）。

こうしたことから，「学びに向かう力，人間性等」といった目標が学習指導要領に位置付けられました。これは，「自分の思考や行動を客観的に把握し認識する」といった，いわゆる「メタ認知」に関わる能力を含むものだと指摘されています。すなわち，知識や技能を具体的に学ぶだけでなく，それを生かして「どのようにふるまえばよいか」という「メタ」レベルで考える力を育てることが重要であるということです。

これが，国語や算数・数学といった各教科を学ぶだけでなく，教科等横断的視点をもって学ぶことの重要性へとつながっています。具体的には，防災教育などを含めて直面した困難への対処を考えることができる力を育てることが求められています。

このように，これからの特別支援教育においても，「何を学ぶか」ではなく，主体的・対話的で深い学びを通して，「資質・能力（三つの柱）をどのように育てるのか」という点を重視して授業づくりを考えていかなければなりません。次頁に生活単元学習の学習指導案を示しましたので，特別支援教育における主体的・対話的で深い学びの展開方法を考えてみましょう。

実践

中学部　生活単元学習　学習指導案

1　単元名　「学校の夢をかなえよう大作戦」

2　単元設定の理由

　中学部の生徒（18名）は，自分がやりたいことや好きなことを教師に伝えたり，興味のあることは積極的に取り組み，相手に考えを伝えたり，お互いに協力したりする姿勢が少しずつだが見られるようになってきた。しかし，自分の気持ちを一方的に伝えてしまい，話し合って考えをまとめることが難しい。このような実態から，生徒同士が同じ目標に向かって活動に取り組みながら学ぼうとする姿勢を身に付け，①協力して一つのものを作り上げ，成就感や達成感を味わうことができる授業を設定した。

　今年度中学部では，「○○の夢をかなえよう」というテーマをもとに，生活単元学習において年間を通して学習に取り組んできた。第Ⅰ期では，本校のキャラクター「とんがりやどかりちゃん」の「運動会に出たい」，「主役になりたい」という夢をかなえることを目標に運動会の種目を考えた。第Ⅱ期では，中学部みんなのやりたいことを「中学部の夢」として一つずつかなえることを目標に行った。これらの学習では，「だれかのために」，「みんなのために」をテーマにみんなで協力して取り組むようにした。

　そして本単元では，生徒同士の話し合いの中から出てきた，さらに大きな夢として，「学校の夢」をテーマに学習に取り組むことにした。本単元では，②様々な教師にインタビューをしたり，話し合いの時間を設けたりすることで，生徒の意欲を高められるような学習活動を展開することとした。具体的には，教師へのインタビューから挙がった「みんなで歌って踊れる歌やダンスがあったらよい」，「学校を紹介するビデオがほしい」という意見を「学校の夢」として捉え，その夢をかなえることを目標に，ダンスグループとビデオグループに分かれて活動することとした。本単元での学習を通して，「自

分たちでもできた」というだけでなく，③「誰かの，みんなの役に立つことができた」という実感を得て自信をもたせることで，自分を取り巻く環境と積極的に関わる態度を身に付けてほしいと考え，本単元を設定した。

3　単元の目標
・一つのものを作る楽しさに気付き友達と協力することができる。
・進んで自分の考えを伝えようとしたり，学校をよりよくするために，友達と話し合おうとする。

4　指導計画（12時間取扱い）
第1次：○○の夢を考えよう……1時間
第2次：学校の歌を作ろう……3時間
第3次：学校の夢をかなえよう……7時間（本時は第5時）
第4次：学校の夢を伝えよう……1時間

5　本時の展開（⇒評価の観点）

時間	学習内容・活動	指導・支援上の留意点
35	グループの発表をする。 (1)ビデオメッセージを見る。 (2)ビデオグループの発表。 　①作ったビデオを発表する。 　②制作過程の紹介をする。 　③グループで話し合う。 　④よかった点を発表する。 (3)ダンスグループの発表。 　①制作過程の紹介をする。 　②ダンスを発表する。	・副校長からの激励のビデオメッセージを見て，発表会に対しての意欲を高める。 ・グループ発表の順番は，自分たちの発表会であるという意識をもたせるために，話し合いで決める。 ・発表の際，生徒全員に役割をもたせ，意欲的に学習できるようにする。 ・電子黒板に発表内容に合わせた写真を提示して，発表内容がわかるようにする。 ⇒自分の頑張ったところやグループで作っ

③みんなで踊る。 ④グループで話し合う。 ⑤よかった点を発表する。 ※発表の順番については，生徒の話し合いにより変更になる場合がある。 （一部，省略）	たものを発表することができたか。（観察） ・ダンスを生徒全員で踊り，楽しい雰囲気で授業に参加できるようにする。 ・話し合いの観点表や選択肢カードを用いたり，教師が生徒の考えを代弁したり，詳しく話せるような質問をして，話し合いや発表ができるようにする。 ・生徒から出た考えを教師がホワイトボードにまとめ，意見を共有できるようにする。 ⇒相手のグループのよいところに気付き，伝えることができたか。（やり取り，観察）

■ 解説 ■

　生活単元学習は，もともと知的障害児の学習上の特性として，「各教科等で学んだ知識が断片的になりやすい」ため，「領域・教科を合わせた指導」とし，体験的・組織的に学習したほうが効果的であるという考え方が根底にある指導の形態です。そのため，「主体的・対話的で深い学び」を実現するといった今回の学習指導要領の趣旨にはとても合致する授業が多くみられます。

　今回，提示した生活単元学習の授業では，「○○の夢をかなえよう」という設定にし，主体的な学びを引き出しやすくしています。その夢を実現するために，この授業ではグループで活動し，教師にインタビューをしたり，生徒同士相談したりするなど対話的な学習を展開しました。そして，最後に発表に向かうというように授業を展開し，単に話すための「知識及び技能」を

高めるだけでなく,「思考力,判断力,表現力等」を身に付けることへとつながる「アクティブ・ラーニング」となるように意識しました（下線①②参照）。

　生活単元学習では,「生活上の目標を達成したり,課題を解決したりする」ことがねらいとなっていますが,今回紹介した生活単元学習の実践の中で育つ資質・能力は単なる「生活に必要なスキル」にとどまるものではありません。「誰かのために」と思ったことを自分たちで表現するといった総合的な学びの中で（下線③参照）,主体的で対話的な授業となるのだと考えます。

　そして,こうした取組を通して,教室にいる他者とつながることだけでなく,「ここにはいない誰か」（＝社会）へと学びを発展させていくことができるなら,それは「社会に開かれた」学習であると言えるでしょう。

　解説総則編においても,「深い学び」の視点として,「社会や世界にどのように関わるかの視座を形成したりする」といったことや,「習得・活用・探究という学びの過程」の中で見方・考え方が身に付いていくということが指摘されています（解説総則編, p252）。こうした各教科等で育成する資質・能力を総合的に育てていくことが生活単元学習では可能であると考えます。

（来栖　智史）

3 カリキュラム・マネジメントと授業づくり

> 児童又は生徒や学校，地域の実態を適切に把握し，教育の目的や目標の実現に必要な教育の内容等を教科等横断的な視点で組み立てていくこと，教育課程の実施状況を評価してその改善を図っていくこと，教育課程の実施に必要な人的又は物的な体制を確保するとともにその改善を図っていくことなどを通して，教育課程に基づき組織的かつ計画的に各学校の教育活動の質の向上を図っていくこと（以下「カリキュラム・マネジメント」という。）に努めるものとする。
> 　　　　　　　　　　　　　　　　　　　　　　　（解説総則編，p194）

1　授業者ができる「カリキュラム・マネジメント」とは？

　新しい学習指導要領では，カリキュラム・マネジメントが重要であると指摘されています。上記の学習指導要領解説を素直に読めば，カリキュラム・マネジメントは「必要な人的又は物的な体制を確保する」ことなどが含まれており，授業を実施する教員一人では難しい側面もあります。

　しかし，カリキュラム・マネジメントの中には，「教育の目的や目標の実現に必要な教育の内容等を教科等横断的な視点で組み立てていくこと」も含まれており，こうした視点で授業を計画する必要があります。特に，子どもの実態に応じて，教科等の内容を年間計画で毎年見直し，改善している特別支援学校では，授業同士のつながりを意識して年間指導計画を立てることは重要であり，これまでも多く実践されてきました。

たとえば，コンビニエンスストアに行き，買い物をするという校外学習に向けて，算数の授業で「合計金額の計算の仕方」を学んだり，生活単元学習で買い物に必要なスキルを教室で練習するといった授業は，特別支援学校では多く行われてきました（解説各教科等編 p249 にも類似した例が示されています）。

　ここまで大がかりに単元を計画しなくても，国語で読んだ絵本に登場した動物を図工の時間に描いてみるというように，いくつかの授業をリンクさせる取組は，教師の裁量の範囲で十分にできるカリキュラム・マネジメントであり，特別支援学校においては頻繁に行われてきたことだと思われます。

2　カリキュラム・マネジメントと教科等横断的な視点での授業づくり

　もちろん，上記のような授業間の「つながり」をつくることもカリキュラム・マネジメントの一つです。ただし，新しい学習指導要領において，「カリキュラム・マネジメント」の重要性が指摘されたのは，「言語能力や情報活用能力などのように，教科等を越えた全ての学習の基盤として育まれ活用される力」を育成することが求められたからです（解説総則編，p205；本書 pp22-24参照）。

　たとえば，「買い物」に関連する生活スキルを身に付けることが課題となっている児童生徒に対して，これまでの学習でも，校外学習（特別活動）と生活単元学習，算数の学習をそれぞれ同時期に行い，この二つの授業を連携させながら指導するということは行われてきました。こうした学習は「カリキュラム・マネジメント」として位置付けることができるものですが，新しい学習指導要領の改訂の趣旨をふまえると，これまで以上に，どのような汎用的能力が身に付いたかという点に注目する必要があります。

　すなわち，校外学習でコンビニに行き，買い物をしたときにもらうレシート（領収書）を使って，その領収書にある品名と値段を表にしてまとめるといった整理をする学習ができます。これは，生活科（あるいは生活単元学習）の側面からみたら「小遣い帳（帳簿）」の学習につながりますが，算数

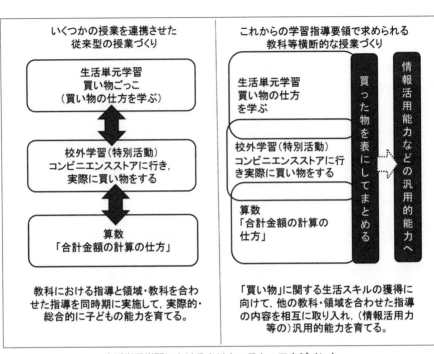

生活単元学習におけるカリキュラム・マネジメント

の側面からみたら,「表計算(データの活用)」に関する学習であるといえます。

　このように,関連するいくつかの領域・教科を合わせて指導することで,相互の科目間の学習内容が重なり合い,理解が深まることをねらうことが「カリキュラム・マネジメント」です。新しい学習指導要領では,こうした指導を通して予測困難な時代に生きる子どもに必要な「資質・能力」(「情報活用能力」などの汎用的な能力)を身に付けていくことが期待されています。

Question

> **Q ▶** 「社会に開かれた教育課程」と「カリキュラム・マネジメント」はどのように関連しているのですか？

　新しい学習指導要領では、「それぞれの学校において、必要な学習内容をどのように学び、どのような資質・能力を身に付けられるようにするのかを教育課程において明確にしながら、社会との連携及び協働によりその実現を図っていく」ことが重要であると指摘されています。そして、そのために、「社会に開かれた教育課程」の重要性が指摘されています（解説総則編，p16）。

　こうした内容は、平成28年中教審答申の中で明確に記されています。そこでは、「学校が社会や世界と接点を持ちつつ、多様な人々とつながりを保ちながら学ぶことのできる、開かれた環境となることが不可欠である」という点や、「学校が社会や地域とのつながりを意識し、社会の中の学校であるためには、学校教育の中核となる教育課程もまた社会とのつながりを大切にする必要がある」と指摘されています（中教審答申，p19）。

　ほかにも、「地域の人的・物的資源を活用したり、放課後や土曜日等を活用した社会教育との連携を図ったりし、学校教育を学校内に閉じずに、その目指すところを社会と共有・連携しながら実現させる」といったことも重要であると指摘されています。そして、こうした学びを社会や地域に広げていくことで、「これからの社会を創り出していく子供たちが、社会や世界に向き合い関わり合い、自らの人生を切り拓いていくために求められる資質・能力とは何かを、教育課程において明確化し育んでいくこと」が重要であると考えられています（中教審答申，p20）。

　これが「社会に開かれた教育課程」の趣旨です。そして、このように整理すると、カリキュラム・マネジメントと重なり合う点が多くあるということもみえてきます。

　たとえば、国語の時間に「文章を書く」ことをねらいにした授業を行った

とします。ある教師は,「冬休みの過ごし方」というテーマで,冬休みの楽しみなイベントについて書くという学習をしました。一方,別のクラスの教師は,「クリスマス・カードを書いて家族の人に渡そう」というテーマで学習をしました。

前者は,楽しみなイベントを作文し,みんなの前で読み上げ,「いいね」「楽しみだね」というように声をかけてもらえる授業です。それに対して,後者の授業は,自分が書いたクリスマスカードをクラスで他の人に向かって読み上げるということはしないけれども,それが家族の手にわたり,家族から反応が返ってくることが期待できます。

もちろん,「どちらの授業が良い」という評価はできませんが,「社会に開かれた教育課程」という意味では,後者のほうが学校外の人と関係するという点では「開かれている」といえます。可能であれば,後者の実践では,家族の人にもメッセージカードを書いてもらい,何らかの方法で子どもにわたすという取組ができれば,学校外の人と交流しながら「書くこと」について学ぶ授業が展開できるでしょう。

このように,「社会に開かれた教育課程」では,大幅に時間割を変更するような実践を想定するものばかりではなく,授業で学んだことが「社会や世界とつながっている」という実感をもてるように学びの過程を創り出していくことが求められます。

これは,たとえ知識や技能を身に付けることを主眼にした指導においても,教室に閉じられた授業にするのではなく,カリキュラムを広く捉えて,社会と接点をもった授業を展開していくことが求められるということです。

そして,こうした社会と接点をもちながら「カリキュラム・マネジメント」を意識して授業を展開していくことが,「その年,ある先生の実践」とするのではなく,学校が組織的に展開する教育活動として位置付ければ,それは十分に「社会に開かれた教育課程」になります。

第2章 各教科等編
―各教科に共通する改訂のポイント―

1 各教科の目標・内容と授業づくり

> 育成を目指す資質・能力の三つの柱に基づき，各教科等の目標や内容を構造的に示した。その際，小学校及び中学校の各教科等の目標や内容等との連続性や関連性を整理した。　　　　　　　　　（解説各教科等編，p22）

1　各教科の指導は何が変わるのか？

　今回示された特別支援学校学習指導要領の改訂のポイントは，各教科等の目標と内容に関して，「育成を目指す資質・能力」という視点で細かく記載された点にあります。

　具体的には，各教科で育成すべき資質・能力を「(各教科の特徴を示す)見方・考え方」を働かせながら，当該教科において身に付けるべき知識及び技能，または思考力・判断力・表現力等について，それぞれ目標として示されました。

　これは，「何を学ぶか」という視点（コンテンツ・ベース）から，「どのような力を身に付けるか」という視点（コンピテンス・ベース）で学習を考えるようになったということです（この点については，奈須正裕著『「資質・能力」と学びのメカニズム』東洋館出版社，2017. が詳しく解説しています）。

　たとえば，小学部の国語に関する目標をみてみると，これまでの学習指導要領では大綱的に示されていたものが，今回の学習指導要領ではより詳細に

記載されるようになりました。

具体的に新旧の学習指導要領に記載されていることを比較すると，下の表のようになります。

平成21年・解説総則等編 （幼稚部・小学部・中学部）	平成30年・解説各教科等編 （小学部・中学部）
日常生活に必要な国語を理解し，伝え合う力を養うとともに，それらを表現する能力と態度を育てる。	言葉による見方・考え方を働かせ，言語活動を通して，国語で理解し表現する資質・能力を育成することを目指す。

（平成21年・解説総則等編，p279／平成30年・解説各教科等編，p79：一部省略）

この変化は，これまでの学習指導要領解説が「総則等編」の中に各教科の目標や内容を概括的に解説されていたものが，今回の学習指導要領解説では「各教科等編」として別冊子にして示したので，より詳細に記述できるようになったという理由も考えられます。

さらに細かくみていくと，「日常生活に必要な国語を理解し……」という目標が「言葉による見方・考え方を働かせ……」という目標に大きく改訂されました。つまり，これまでは国語といっても「生活に必要な言葉」を取り上げ，「伝え合う力」を育てることが目標となっていましたが，新しい学習指導要領では，「言葉」そのものを育てることへと目標が改訂されたということです。

2 「三つの柱」に沿って目標を設定する

今回示された新しい学習指導要領では，小学校や中学校の学習指導要領との連続性を保つために，「三つの柱（知識及び技能／思考力，判断力，表現力等／学びに向かう力，人間性等）」を中心に，資質・能力を育てるための目標・内容が細かく示されました。

たとえば，小学部・国語の目標は以下のようになります。

1　目標 　　言葉による見方・考え方を働かせ，言語活動を通して，国語で理解し表現する資質・能力を次のとおり育成することを目指す。	⇒国語科全体を貫く目標
(1)　日常生活に必要な国語について，その特質を理解し使うことができるようにする。	⇒「知識及び技能」に関する目標
(2)　日常生活における人との関わりの中で伝え合う力を身に付け，思考力や想像力を養う。	⇒「思考力，判断力，表現力等」に関する目標
(3)　言葉で伝え合うよさを感じるとともに，言語感覚を養い，国語を大切にしてその能力の向上を図る態度を養う。	⇒「学びに向かう力，人間性等」に関する目標

(解説各教科等編，p79)

　上記の表にある文言を丁寧に読んでいくと，「知識及び技能」の目標については，「〜を理解し」とか「〜使うことができる」というように，知識と技能に関連する言葉が含まれています。同様に，「思考力，判断力，表現力等」に関する目標では，「思考力や想像力」を育てることや，「伝え合う力」といった言葉を用いて，目標が設定されています。さらに，「学びに向かう力，人間性等」に関する目標では，「よさを感じる」とか，「言語感覚を養う」など，言葉を積極的に使おうとする基盤を形成することが目指されています。

　以上のような目標の記述の仕方は，全ての教科において共通しています。また，各教科の段階ごとに示されている目標についても，基本的にこのパターンで記載されています。

　たとえば，小学部・国語の1段階の目標は以下のように記載されています。

1段階　(1)　目標	
ア　日常生活に必要な身近な言葉が分かり使うようになるとともに，いろいろな言葉や我が国の言語文化に触れることができるようにする。	⇒「知識及び技能」に関する目標
イ　言葉をイメージしたり，言葉による関わりを受け止めたりする力を養い，日常生活における人との関わりの中で伝え合い，自分の思いをもつことができるようにする。	⇒「思考力，判断力，表現力等」に関する目標
ウ　言葉で表すことやそのよさを感じるとともに，言葉を使おうとする態度を養う。	⇒「学びに向かう力，人間性等」に関する目標

（解説各教科等編，p81）

　国語科全体の目標を示している箇所では，(1)・(2)・(3)という区分けで「三つの柱」に関する目標が書かれていましたが，段階ごとの目標については，ア・イ・ウという区分けで書かれています。このように表記の仕方は若干異なっていますが，目標を記している項目では，上から順に「知識及び技能」「思考力，判断力，表現力等」「学びに向かう力，人間性等」の順で記されています。

　今回の学習指導要領解説では，こうした目標を全ての教科・全ての段階に関して整理して示しています。そのため，ある教科を指導する際に，どの段階の子どもに，どのような目標で指導するかという点が詳細に示されるようになりました。

3　小学校と特別支援学校の教育課程の連続性

　次に各教科の内容についてみていきましょう。教育課程は，子どもの発達段階と教科固有の領域を整理して示すものです。簡単に言うと，「〇歳（〇年生）の段階では，〜の内容を扱う」ということを一覧にしたものです。

この系統性がもっとも分かりやすいのが，小学校の算数です。たとえば，小学校1年生になったら10までの数を学習したあとに繰り上がりを学習するとか，2年生になったらかけ算を習うといったものです。

　小学校低学年では，「数と計算」の領域にかける時間が多いこともあり，一般的には，四則演算を習うのが算数というイメージがありますが，それ以外に「図形」や「測定」「データの活用」といった領域が設定されています（平成29年・小学校解説算数編，p42：図にしたものを以下に掲載しました）。

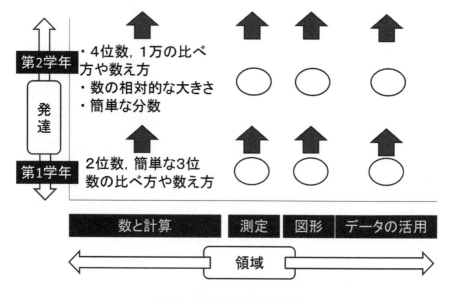

小学校・算数の学習内容の系統性

　新しく示された特別支援学校学習指導要領では，教科等の指導において小学校との連続性が重視されたために，小学校1年生の学習指導要領に記されている領域（算数でいえば，「数と計算」「測定」「図形」「データの活用」）に接続するように，特別支援学校の各教科の指導の目標や内容が示されました。

　この点については，国語の学習においても同様です。国語の系統性として分かりやすい漢字を例にすると，1年生のときに習う漢字の数は学習指導要

領で決められており，2年生から3年生になるとその数が1年生のときに比べると2倍くらい増えるということは周知のことです。

　今回，改訂された特別支援学校学習指導要領では，小学部を3段階にわけて記述していますが，認識能力がその中でも最も高い子どもを想定して記述した3段階の子どもの国語と小学校学習指導要領に記載されている第1学年及び第2学年の国語の目標を整理すると，次の図のようになります。

（解説各教科等編，p93及び小学校解説国語編p14より作成）

　このように，特別支援学校小学部3段階の国語は，小学校1・2年生の学習と連続するように示されました。今回示された新しい学習指導要領では，特別支援学校の各教科の目標の記述が小学校（第1学年及び第2学年）の表記にそろえる形で改訂されています。

　この点については，「内容」についても同じです。たとえば，国語の「書くこと」の領域の中では，「書き言葉のきまりに関する理解と適切な使用」

が目指されることになっていますが（小学校解説国語編，p17），特別支援学校小学部3段階では，そこに接続するように，発達的に小学校1年生よりも少し易しい内容で，同じような項目を指導することになっています（下表参照）。

特別支援学校・解説各教科等編 小学部3段階	小学校・解説国語編 第1学年及び第2学年
事柄の順序，語と語や文と文との続き方，長音，拗音（よう），促音，撥音（はつ）などの表記，助詞の使い方などを意識しながら，「B書くこと」の各学習過程を踏まえ，書いた語句や文を読み返し，教師の指導を受けながら，正しいものに書き直すこと。	長音，拗音（よう），促音，撥音（はつ）などの表記，助詞の「は」，「へ」及び「を」の使い方，句読点の打ち方，かぎ（「 」）の使い方を理解して文や文章の中で使うこと。

（解説各教科等編，p98及び平成29年・小学校解説国語編p21より筆者が抜粋し作成した。）

具体的な授業内容で考えてみると，たとえば，小学1年生の国語では，「ねこ」と「ねっこ」などの言葉を取り上げ，長音，拗音，促音，撥音などの言葉の表記や意味の違いを理解する単元が用意されています（東京書籍，『あたらしいこくご一上』参照）。

特別支援学校と小学校の違いはどこにあるかという点でみていくと，小学校1年生に対しては「文章の中で使う」ことを指導することになりますが，特別支援学校小学部3段階の子どもに対しては「ねこ」と「ねっこ」などの表記の違いに気付き，正しいものを選んだり，書いたりすることができるように指導するということになります。

ただし，こうした学習を単なる文字の学習として行うだけでは楽しく学べません。特に新しい学習指導要領では，「主体的・対話的」に学ぶことや，「学びに向かう力」を育てることが重視されていますので，目標や内容が整理できたらそれをそのまま指導すればよいというわけではありません。

この点に関して，小学校の教科書では子どもが興味をもちそうな「ねこ」などの生活の中でよくみかける言葉を使用し，音の響きの楽しさを感じながら指導することができるように教材が用意されています。

　こうした点をふまえると，特別支援学校小学部3段階の子どもに対しても，楽しく学べる教材（絵本など）を探すことが重要となります。

4　各教科における目標と内容の構造

　各教科の目標が連続的であるのは，特別支援学校と小学校の間だけでなく，同じ学部の段階間（1段階→2段階→3段階）においても同様です。たとえば，特別支援学校に通う知的障害児の国語の目標は次頁のような構造で記述されています。

　すなわち，学習指導要領では冒頭で教科全体の目標（①）が記載されていますが，その後，段階ごとに目標が細かく記載されています（②）。小学部でいえば1段階から3段階にかけて徐々に（発達的に）目標が高次化していき，3段階のあとは小学校学習指導要領の目標と接続するように整理されました。

　一方，内容については，段階ごとに知識及び技能（国語であればアとイ），思考力，判断力，表現力等（国語であればA聞くこと・話すこと，B書くこと，C読むこと）に分けて細かく記載されています。ただし，「学びに向かう力，人間性等」については，「内容」は具体的に示されていません。

　これは，「学びに向かう力，人間性等」の育成は，ある特定の内容を通して育てるのではなく，その教科の指導全体を通じて育てるべきものだからだと考えられます。

小学部国語科の目標

言葉による見方・考え方を働かせ，言語活動を通して，国語で理解し表現する資質・能力を次のとおり育成することを目指す。

知識及び技能	(1) 日常生活に必要な国語について，その特質を理解し使うことができるようにする。
思考力，判断力，表現力等	(2) 日常生活における人との関わりの中で伝え合う力を身に付け，思考力や想像力を養う。
学びに向かう力，人間性等	(3) 言葉で伝え合うよさを感じるとともに，言語感覚を養い，国語を大切にしてその能力の向上を図る態度を養う。

① （解説各教科等編p79）

1段階の目標

ア 日常生活に必要な身近な言葉が分かり使うようになるとともに，いろいろな言葉や我が国の言語文化に触れることができるようにする。

イ 言葉をイメージしたり，言葉による関わりを受け止めたりする力を養い，日常生活における人との関わりの中で伝え合い，自分の思いをもつことができるようにする。

ウ 言葉で表すことやそのよさを感じるとともに，言葉を使おうとする態度を養う。

② （解説各教科等編p81）

2段階の目標

3段階の目標

（解説各教科等編p87）
（解説各教科等編p93）

1段階の目標 / 1段階の内容

	1段階の目標	1段階の内容
知識及び技能	ア 日常生活に必要な身近な言葉が分かり使うようになるとともに，いろいろな言葉や我が国の言語文化に触れることができるようにする。	ア 言葉の特徴や使い方に関する事項 (ア)身近な人の話し掛けに慣れ，言葉が事物の内容を表していることを感じること。 (イ)言葉のもつ音やリズムに触れたり，言葉が表す事物やイメージに触れたりすること。 イ 我が国の言語文化に関する事項 (ア)昔話などについて，読み聞かせを聞くなどして親しむこと。(イ)遊びを通して，言葉のもつ楽しさに触れること。(ウ)書くことに関する次の事項を理解し使うこと。㋐いろいろな筆記具に触れ，書くことを知ること。㋑筆記具の持ち方や，正しい姿勢で書くことを知ること。(エ)読み聞かせに注目し，いろいろな絵本などに興味をもつこと。
思考力，判断力，表現力等	イ 言葉をイメージしたり，言葉による関わりを受け止めたりする力を養い，日常生活における人との関わりの中で伝え合い，自分の思いをもつことができるようにする。	A 聞くこと・話すこと ア 教師の話や読み聞かせに応じ，音声を模倣したり，表情や身振り，簡単な話し言葉などで表現したりすること。 イ 身近な人からの話し掛けに注目したり，応じて答えたりすること。 ウ 伝えたいことを思い浮かべ，身振りや音声などで表すこと。 B 書くこと ア 身近な人の関わりや出来事について，伝えたいことを思い浮かべたり，選んだりすること。 イ 文字に興味をもち，書こうとすること。 C 読むこと ア 教師と一緒に絵本などを見て，示された身近な事物や生き物などに気付き，注目すること。 イ 絵本などを見て，知っている事物や出来事などを指さしなどで表現すること。 ウ 絵や矢印などの記号で表された意味に応じ，行動すること。 エ 絵本などを見て，次の場面を楽しみにしたり，登場人物の動きなどを模倣したりすること。
学びに向かう力，人間性等	ウ 言葉で表すことやそのよさを感じるとともに，言葉を使おうとする態度を養う。	

（解説各教科等編，pp81-87）

5 学習指導計画の立案と各教科の目標・内容

それでは，目標と内容をどのように選定するかについてみていきましょう。具体的に特別支援学校小学部の国語科学習指導案をもとに，授業づくりのプロセスを示すと次のようになります。

(1) グループの構成と子どもの実態を記述する

まず，担当している子どもの実態をまとめます。当然のことですが，国語の学習指導案であれば，国語に関する実態を書かなければなりません。このとき，大まかな段階を記述するとよいでしょう（次頁＿＿＿部分参照）。

(2) 段階に応じた学習内容を選定する

子どもの実態から大まかな段階を確認することができたら，次はその段階に応じた学習内容を選定します。このとき，国語であれば，「聞くこと・話すこと」「書くこと」「読むこと」といった領域をふまえて内容を選定する必要があります。

もちろん，「絵本を読んだ上で，登場人物に手紙を書いてみよう」というように，「読むこと」と「書くこと」が重なる授業もあるでしょう。このような場合には，どちらかの学習が主たる内容で，もう一方の学習は主たる内容に必要な（副次的な）学習とみなして学習指導案を書くと分かりやすくなります。

次の学習指導案で具体的にみていきましょう。

実践

小学部　国語科　学習指導案①

1　単元名　「ことばを　見つけよう」（聞くこと・話すこと）
2　単元設定の理由

(1) 本グループは，○年生男子1名，△年生男子1名の計2名で構成されている。2名とも基本的な学習態度は身に付いており，簡単な言葉かけや指さしなどで指示を理解して活動に取り組むことができる。また，個別の学習の場面では，見通しをもつことで自分から進んで取り組むことができる。国語の実態について，A児は発音が不明瞭であるが，興味・関心の高い事物を単語で伝えることができ，言葉によるコミュニケーションの楽しさを感じ始めている。また，自分の名前や興味関心の高いものの名前に使われている平仮名を中心に清音を30文字程度読むことができる（2段階）。B児は，自分の身近な生活の中で経験したことを名詞と動詞を使い，簡単な二語文で表現することができ，言葉でのやり取りの楽しさを感じ始めている。また，平仮名は読めるが，片仮名は難しい（2段階）。両名ともに，事物には固有の名称があり，文字を組み合わせて，単語を作ることで，様々な名称を表現することができるということを理解することができている。しかし，理解している事物の名称が興味関心や具体的な生活場面のものに限定されており，語彙を増やすことが課題である。

(2) そこで本単元では，文字を組み合わせ，様々な単語を構成することで，文字表現と意味内容の関係の面白さに気付くことで，豊かな概念形成を図りながら，文字の習得や語彙を増やし，言葉でのやり取りを深められるようにした。「ことばを　見つけよう」（光村図書，『こくご一下』）を基本的な教材として，一つの単語の中の文字を組み合わせて，全く意味の異なる別の単語を作り出すという「言葉遊び」の活動を通して，文字に対する理解を深め，文字と意味の関係についての理解を促したいと考えた。その際に児童同士のやり取りを重視し，お互いの発想や表現の仕方や違いに注目させることで多様な表現について理解が深められるようにしたい。また，単語カードや文字カードを組み合わせて確認することで，文字に対する理解を高め，語彙を増やすことができるようにした。このような学習を通して，言葉への自覚を高め，日常生活で使える語彙を増やしたり，周囲の人と関わる楽しさを味わい，「言語による見方・考え方」を働かせ，日常生

活の中での豊かなコミュニケーションにつなげたいと考え，本単元を設定した。

3　単元の目標
○平仮名の表記の仕方を理解することができる（A児）。
（ア　知識及び技能）
○片仮名の表記を理解することができる（B児）。
（ア　知識及び技能）
○伝えたいことのイメージをもち，言葉で伝えることができる（A児）。
（イ　思考力，判断力，表現力等）
○自分の伝えたいことを想起し，相手に言葉で伝えることができる（B児）。
（イ　思考力，判断力，表現力等）
○自分から言葉で表現しようとする（A児・B児）。
（ウ　学びに向かう力，人間性等）

4　指導計画（16時間取扱い：1単位45分）
第1次：声に出して読んでみよう……3時間
第2次：いろいろな言葉を調べよう……3時間
第3次：ことばを見つけよう……10時間（本時は第5時）
（本時の展開はpp54-55参照）
＊＿＿＿＿…実態と段階を示す記述／＿＿＿＿…実態に応じた学習内容

■　解説　■

　学習指導案を考えるにあたっては，どのような「段階」の児童であるか，そうした児童にどのような「内容」の学習を行うかという点を明確にして記すことが必要となります。
　具体的に上に示した学習指導案の中で，「自分の伝えたいことを想起し，

相手に言葉で伝えることができる。」という目標が掲げられていますが，これは，2段階の国語の目標の中で「言葉が表す事柄を想起したり受け止めたりする力」「その言葉が表している事物や事柄の意味を，児童が，体験に裏付けられたイメージと一致させたり，思い浮かべたり，自分なりに考えたりしようとする」という箇所と対応します（解説各教科等編，pp87-88）。

　このような目標を設定したら，次に（ア　知識及び技能）（イ　思考力，判断力，表現力等）（ウ　学びに向かう力，人間性等）の三つの柱に沿って具体的な目標を考えます。新しい学習指導要領では，「育成を目指す資質・能力」をこれら三つの柱からトータルに育成していくことが求められていますが，ある単元を取り上げたときには，これら三つの柱をふまえて目標を立てることが必要です。

　なお，「ウ　学びに向かう力，人間性等」については，その教科全体を通じて育成すべきものですので，学習指導要領解説の中で具体的に「内容」が明記されているわけではありません。今回，例示した学習指導案では，「自分から言葉で表現しようとする」という目標を立てましたが，これは「知識及び技能」「思考力，判断力，表現力等」が身に付かなければ達成できない目標ではありません。

　むしろ，児童が「言葉で伝えたいという思い（学習内容に参加したい・向き合いたいという気持ち）」をもち，「社会や世界とつながろうとする」ことが基盤になります。こうした，学びに向かう力を育てながら，知識を獲得しようとし，表現を高めていく授業を展開することが大切だと考えます。

（遠藤　貴則）

2 各教科の指導と評価

> 児童生徒一人一人の学習状況を多角的に評価するため，各教科の目標に準拠した評価の観点による学習評価を行うことが重要である。一つの授業や単元，年間を通して，児童生徒がどのように学ぶことができたのかや，成長したのかを見定めるものが学習評価である。
> また，学習評価は児童生徒にとって，自分の成長を実感し学習に対する意欲を高める上で有効であり，教師にとって，授業計画や単元計画，年間指導計画等を見直し改善する上でも，効果的に活用していくことが重要である。
>
> （解説各教科等編，p35）

1 指導と評価は一体的なもの

授業を実施すれば，教師は，そこで学んだ子どもに対して「よくできたね」「次はここをがんばろうね」というように，評価的な声かけをすることでしょう。

その一方で，教師は，「もっとこんなふうに授業を展開すれば，子どもの理解が深まったかもしれない」とか，「こんな働きかけをすれば，子どもが活動にもっと積極的に参加したかもしれない」というように自分の実施した授業を評価し，日々，改善しています。そして，年間計画の見直しや指導方法の改善へと結び付けながら，学校現場では評価活動を実践しています。

こうした指導の評価と改善の重要性は，平成21年学習指導要領解説におい

ても指摘されています（平成21年・解説総則等編，pp207-208）。ただし，今回の学習指導要領では，「育成を目指す資質・能力」が明確になり，各教科においても「知識及び技能」「思考力，判断力，表現力等」「学びに向かう力，人間性等」という三つの柱に沿って目標が立てられたこともあり，指導の評価と改善については，前回の学習指導要領解説よりもより具体的に，拡充した内容が記載されています。

その要点をまとめると以下の通りです。

(1) 「児童生徒にどのような力が身に付いたか」という視点から評価する

学習評価とは，第一義的には「児童生徒の学習状況を捉える」ことです。そのため，授業の目標に対してどのような成果がみられたか（どのような力が身に付いたか）を評価することが必要です。特に，学習指導案にその単元の「目標」を立てて指導したら，それに対してどうであったのかという点を評価しなければなりません。

もちろん，評価とは「〜のようにできたか」というような分析的に捉える評価（「①観点別学習状況の評価」）ばかりではありません。たとえ，教師から見て，この授業で子どもに「十分な力が身に付いた」とは言えない状況であっても，「本人としてはとてもよく頑張って取り組んだ」という点があれば，それはしっかり評価することが重要です（「②個人内評価」）。

中でも，「学びに向かう力，人間性等」については，観点別に評価することが難しい目標もあるので，上記の①と②の評価をバランス良く組み合わせることが必要であると指摘されています（解説総則編，p271）。

(2) 個別の指導計画と連動した評価

(1)で示した「学習指導の評価と授業の改善」は，必ずしも特別支援教育に特有のものではなく，通常の学校においても実施すべきことです。一方で，特別支援教育では全ての児童生徒に対して個別の指導計画を作成し，「個に応じた指導」を行っています。そのため，(1)のように「学習指導の評価と授

業の改善」を行った場合には、それを個別の指導計画に反映させる必要があります。

この点について、解説総則編では、「個別の指導計画に基づいて行われた学習状況や結果を適切に評価し、指導目標や指導内容、指導方法の改善に努め、より効果的な指導ができるようにすること」と記載されています（解説総則編、p271）。ここでは、指導目標が達成できなかった場合、実態の捉え方を修正すべきなのか、課題や目標が子どもの実態に合っていなかったのかなどを評価し、短期・長期の両面から適切に改善していくことが求められています。

(3) 学習評価の方法を工夫する

個々の児童生徒の学習評価や授業そのものの評価を実施する場合、「独りよがり」の評価をしてしまうことのないように気を付けなければなりません。

具体的には多様な方法を組み合わせて、組織的かつ計画的に実施することが求められています。特に、それぞれの授業の中で子どもの学習成果を評価する場合には、以下の点に留意して実施することが必要であると学習指導要領解説で指摘されています（解説総則編、p270）。

すなわち、「できたか」「できなかったか」という点だけを見るのではなく、また、「他者との比較ではなく児童生徒一人一人のもつよい点や可能性などの多様な側面、進歩の様子などを把握し、学年や学期にわたって児童生徒がどれだけ成長したかという視点を大切にする」というように、「多面的」「中・長期的」な視点で個人内評価を行っていくことが重要です。

また、他者との比較ではなく、学習の過程をいっそう重視することや、自分自身の目標や課題をもって学習を進めていけるようにするなど、「（ポートフォリオのように）形成的に評価する」ことも重要となります。具体的に学習指導案を例示してみていきましょう。

実践

小学部 国語科 学習指導案②

1 単元名 「ことばを 見つけよう」（聞くこと・話すこと）
（単元計画の詳細については，pp47-50参照）

2 本時の展開（⇒評価の観点）

時間	学習内容・活動	指導・支援上の留意点
5	お話を聞く。 (1)教師が本文を読む。 (2)具体物・半具体物で確認する。	・「かばん」や「かば」などポイントとなる箇所をゆっくり，はっきりと読むことで，言葉遊びの面白さを味わうことができるようにする。 ・具体物や半具体物を児童自身が実際に使って活動をする場面を設定することで，内容の理解を深める。（思考力，判断力，表現力等） ⇒内容に対するイメージをもつことができたか。（観察） ⇒内容に対する質問に答えることができたか。（発表）
5	音読をする。 (1)一人一文ずつテクストごとに読む。 (2)内容を確認する。 ・空欄に適切な単語カードを当てはめる。	・一文ごとに順番に音読することで，それぞれの読み方の違いやよさに気がつくことができるようにする。 ・音読の最後に，空欄に適切な単語カードを当てはめる活動を設定することで，内容の理解を深めることができるようにする。（知識及び技能） ⇒適切な単語カードを選択すること ができ

10	ことばさがしゲームをする。 (1)学級の教師や友達の名前を構成する。 (2)テーマを聞くことでことばをイメージすることができる。 (3)教師のヒントを聞いて単語を構成する。 (4)自分で考えて，単語を構成する。	たか。（発表） ・単語カードのイラストに注目させることで，単語を構成することができる。 ・機能や場面などをヒントとして提示することで，イメージを想起させ，単語を構成することができるようにする。（知識及び技能） ⇒単語を構成することができたか。（発表・観察） ・できたときには，大いに称賛することで，活動に対する意欲を高めることができるようにする。 ・お互いの答えに注目できるように言葉かけをすることで，色々な表現や言葉があることに気が付くことができるようにする。（思考力，判断力，表現力等） ⇒自分のイメージを表現することができたか。（発表） ⇒相手を意識した表現をすることができたか。（発表） ・表現の違いの面白さを感じ，説明したり，表現する。（学びに向かう力，人間性等） ⇒自分から発表することができたか。（発表・観察）

■ **解説** ■

　学習の評価というものは，指導の裏返しです。そのため，子どもの実態に即して目標を設定し，面白い授業を考えることが，学習評価の前提です。また，「学びに向かう力，人間性等」についても評価していくことが求められますので，こうした点で評価するためにも「また学びたい」と思うような授業を展開しなければなりません。

　今回，紹介した授業では，「音を聞いただけでも面白い言葉」や「子どもの生活（文化）に根ざした言葉」を取り上げて，楽しく国語を学ぶことを心がけました。特別支援学校の教科指導では，国語であれば単語カードや文字カード等を使って学習を進めることが多いでしょう。このとき，単に「読み方」だけを習得させるような，スキル習得に重点が置かれた授業を展開しておいて，「学びに向かう力」があまり見られなかったと，子どもを評価することのないようにしなければなりません。

　今回の学習指導案では，小学校の国語の教科書（光村図書，『こくご一下』）にも掲載されている「ことばを　見つけよう」を基本教材としました。この教材は，ある単語の中に別の単語が隠れていることを探す活動を通して，一文字違うだけで全く意味の異なる単語が構成されるという面白さや文字と単語や意味との関係を楽しみながら学習できるように設定されています。このように教材の文化性が活動の醍醐味となり，子どもの主体的な学習を促すと考えられます。

　その上で，グループの子どもに共通する指導課題と，一人一人に応じた個別の指導課題を整理しながら，それらの課題を取り扱える授業を設定していきます。たとえば，「音読」は共通する課題として設定し，具体物や半具体物を用いた説明については，個々の子どもの実態に応じ，説明の仕方や質問の内容や方法を個別化したりするなどです。

　学習の評価については，こうした授業の中で，子どもたちがどのような能力を発揮したかという点を中心にみていくことが必要です。ただし，知的障

害の子どもの場合，小テストなどで学習の理解度をみていくというようなやり方をとるのは難しいので，学習活動の中で評価していくことが求められます。

たとえば，授業の目標を意識しながら，子どもの感じたことや考えたことを，言葉以外のものを含めて表現することができたかどうかを細かく観察することが重要です。その際に，教師は子どもの学習の客観的な観察者といった姿勢ではなく，一緒に活動に参加し，意味を共有していくという姿勢で臨むことが大切でしょう。

ただし，学習の最後に取り組む個別化されたワークシートなどは，それぞれの子どもが学習活動を通してどのように理解し，定着したかをみるのに有効な場合があります。このように，学習評価とは，授業を通して学習したことが子どもたちの内面でどのように解釈され，意味付けられ，定着しているのかを総合的にみていく（評価していく）ことを指します。

（遠藤　貴則）

2　指導計画と連動した評価活動の充実

前節で説明してきた新しい学習指導要領解説の「評価の充実」をまとめると，次のような三つの視点から実施することが求められています。

すなわち，これまでの学習指導要領解説でも述べられてきた，「授業時に子どもを評価し，授業を改善する」という評価にとどまらず（第一の側面），「指導計画や学習集団，年間指導計画の改善」へと結び付けていき（第二の側面），最終的には「学校内での評価規準の共有」や「保護者・進学先へのフィードバック」に評価活動を活用していくこと（第三の側面）が重要であると考えます。

このとき，毎年書き換えていく個別の指導計画と授業評価を連動させるのだとしたら，個々の指導目標や内容も毎年，変化させていかなければならないのかという疑問が生じます。特に，重度の知的障害児を指導している教師からは，個別の指導計画に記している目標や内容を毎年，段階を上げて設定

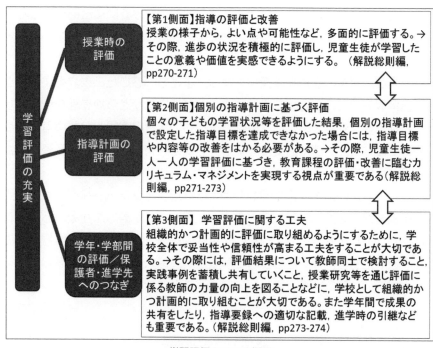

学習評価の三つの側面

することはとても難しいという声が上がると思われます。

　こうした疑問については，次のように考えるとよいでしょう。すなわち，各教科の指導は段階に応じた学習内容が配列されていますので，「系統性」をふまえた指導を行うことが大切です。そのため，指導によって子どもの資質・能力が高まり，次の発達段階へと成長しているのであれば，少しずつ目標を高く設定していけばよいでしょう。

　しかし，特別支援教育に在籍している子どもは必ずしも「右肩上がり」に，指導の目標が高次化できるものではありません。そのため，数年の間にどのような成長をしたのかという視点で評価し，次の学部で個別の指導計画の目標を修正することを原則にするとよいと考えます。

　学習指導要領解説では，各教科の指導に関して以下のような箇所があります。

> 　各教科の指導に当たっては，各教科の各段階に示す内容を基に，児童又は生徒の知的障害の状態や経験等に応じて，具体的に指導内容を設定するものとし，その際，小学部は6年間，中学部は3年間を見通して計画的に指導すること。
> 　　　　　　　　　　　　　　（解説各教科等編，p39：一部省略）

　このように，「各教科の各段階に示す内容」は，「小学部は6年間，中学部は3年間を見通して」指導計画を立てることが求められているのであり，段階を少しずつ上げて指導することが求められているのではありません。

　たとえば，算数・数学の指導であれば，1年生のときに「金銭」と「数と計算」の領域に偏った指導になっていたから，次の学年では「測定」や「図形」などについても指導し，多面的に資質・能力を育てていこうというような捉え方をすることが大切です。

　また，「数と計算」の授業を実施し，評価してみたら，「量」の感覚が不十分であったので，次の学年では「量」について取り上げてみようというような指導計画を立てるということも考えられます。

　以上のように，評価から指導計画を改善し，子どもの学び（カリキュラム）を偏りなく進め（マネジメントし），次の学部へと指導を継承していくことが，子どもをトータルに育てていくこと（調和的な発達）につながると考えます。

3 学習指導案の立案と授業づくり

> 各教科等の各学年，各段階，各分野又は各言語の目標と指導内容の関連を十分研究し，単元や題材など内容や時間のまとまりを見通しながら，まとめ方などを工夫したり，内容の重要度や児童生徒の学習の実態に応じてその取扱いに軽重を加えたりして，主体的・対話的で深い学びの実現に向けた授業改善を通して資質・能力を育む効果的な指導を行うことができるように配慮する。
> （解説総則編，p235：一部省略）

1 学習指導案をどのように立案するか？

　ここまで，新しい学習指導要領の改訂のポイントを全体的に整理してきました。授業づくりという視点で新しい学習指導要領の改訂をみつめると，一人一人の教師が「改訂の趣旨」をふまえて子どもの指導にあたることが不可欠ですので，まず，「新しい学習指導要領は何が変わったのか？」という点を理解することが必要です。

　しかし，授業づくりという点では，新しい学習指導要領のポイントを「知っている」というだけでは不十分です。「改訂の趣旨」を具体的に，どのように授業に反映させていくかを考えなければなりません。これは，授業における教師の「意図的な指導」が，どのように学習指導案に反映されているかということを考えることでもあります。

　本書においても，茨城大学教育学部附属特別支援学校の先生方の全面的な

協力を得て,「これまで書いてきた学習指導案を,新しい学習指導要領の趣旨に沿って書き換えるとしたら,どこを,どのように改変する必要があるか?」という点を検討していただいた上で,新しい形式の学習指導案を掲載しています。

こうした中で,本書において統一して学習指導案を書き改めた点を整理すると,以下のようになります。

(1) 「目標」を三つの柱に沿って設定する

新しい学習指導要領の改訂のポイントは,「どのような力を身に付けるか?」という点を明確にして指導することでした。そのため,授業設計においても,そうした点を明確にするために,新しい学習指導要領で示された「育成を目指す資質・能力」の三つの柱(「知識及び技能」「思考力,判断力,表現力等」「学びに向かう力,人間性等」)に沿って,学習指導案の「目標」欄に記載しました。

ただし,これは学習指導案の目標を箇条書きにして三つ記載しなければならないわけではありません。授業によっては,すでに獲得している知識や技能を活用して,「思考力」や「表現力」を育てることに主眼が置かれたものもあるでしょう。こうした場合には,「〜の知識(または技能)を活用して,○○について考えることができる」というように,「知識及び技能」と「思考力,判断力,表現力等」に関する目標が一つの文に統合されることも考えられます。

(2) 「学びに向かう力,人間性等」の目標の表記について

また,三つの柱に沿って目標を記述する場合に,「学びに向かう力,人間性等」については「〜することができる」という文言で締めくくるのではなく,「〜しようとする」という表記に統一しました。これは,「学びに向かう力,人間性等」については具体的な指導内容が明記されているわけではなく,新しい学習指導要領の中でも「〜しようとする態度を養う」といった表現が

多く使われていることをふまえたものです。

　すなわち,「知識及び技能」と「思考力,判断力,表現力等」は,各教科の領域別に「内容」が示されていますので,その内容を「習得することができる」という点を目標にするべきでしょう。しかし,「学びに向かう力,人間性等」については,「何かをできるようにする」ということを目標にするわけではありません。

　むしろ,知識や技能,あるいは思考力や表現力等を「もっと習得したい」という思いを引き出し,「次の授業でもまた,取り組んでみようとする」気持ちを育てていくことが大切です。このことは,「学びに向かう力,人間性等」の目標については,教師の授業づくりが適切であったかを評価することとセットにすることが必要であるということを意味していると考えます。

(3) 各教科等の指導は「段階」と「領域」を明確にする

　特別支援学校学習指導要領の改訂のポイントは,小学校・中学校の学習指導要領との連続性を確保することでした。そのため,これまでの学習指導要領よりも「段階」が細分化され,各教科においては「領域」を意識した指導が求められています。

　こうした点をふまえると,学習指導案の単元設定の理由を記述する際に,どの段階の子どもであるか,どのような領域を取り扱っているのかが分かるように記述することが必要であり,本書に示した学習指導案にも,できる限り,この点について明記するようにしました。

　ただし,このことは,学習指導案のどこかに必ず「○段階」と明記しなければならないという意味ではなく,これまで「生活の必要性」から考えられてきた教科の学習内容を「発達(段階)」と「文化(教科の領域)」から考えなければならないという意味です。

(4) アクティブに学ぶことができる学習内容や学習活動を用意する

　新しい学習指導要領の改訂の趣旨は,「何を学んだか(コンテンツ・ベー

ス）」ではなく，「どのような力を身に付けたか（コンピテンス・ベース）」という視点から学習指導を展開していくことです。そのため，学習指導案の目標には，こうした点を明記する必要があります。

　しかし，これは「身に付けるべき資質・能力」をただひたすら練習させればよいということではありません。新しい学習指導要領では，21世紀の学び方として「主体的・対話的で深い学び」（アクティブ・ラーニング）が重視されているという点も無視できない改訂のポイントだからです。

　このように考えると，新しい学習指導要領における授業づくりでは，発達（段階）や教科の系統性（領域）をふまえて適切な学習内容を選定するという分析的な視点だけでなく，資質・能力を身に付けるためにどのような活動を用意すれば「楽しく（ワクワクしながら，みんなでワイワイと）」学ぶことができるかを考えることが求められます。

　本書では，学習指導案を掲載する際には，上記の点をふまえて，子どもたちが楽しく学ぶ学習内容や教材となっているかどうかを重視して示しました。そのため，「単元設定の理由」の中に子どもの興味や関心をもとに教材を選定した理由を積極的に書くようにしました。また，授業展開（「本時の展開」）のところでは，子どもたちが楽しく学べる活動を「学習内容・活動」という欄に具体的に記しました。

　こうした整理をしていくと，「身に付けさせたい資質・能力」と「楽しく（アクティブに）学ぶための活動」を一つの学習指導案の中で統一して示すことができるようになります。

(5)　多様な学習評価の方法を示す

　さらに，今回の学習指導要領では，「学習評価の充実」についても多くの紙面が割かれるようになりました。これは，目標や内容を細かく設定したならば，その学習が適切だったのかどうかという「評価」も重要となるということを意味しています。

　これまでの学習指導案でも，評価の観点を明記することは行われてきまし

た。本書に記した学習指導案も「⇒」で評価の観点を具体的に示しています。このとき,「どの場面で,どのような視点で評価するか」という点を明記しましたが,それに加えて,可能な限り,「どのような方法で評価するか」という点を本書では示しました。たとえば,子どもの様子を「観察」して評価するのか,「発表」を通して評価するのかなど,できる限り具体的に,そして多様な方法を示すようにしました。

今回の学習指導要領から,各教科等の目標が三つの柱に沿って多角的に示されるようになりましたので,学習評価についてもそれらを評価できるように多様な方法が用いられなければなりません。普通に考えても,「知識及び技能」と「表現力」等を評価する方法は異なるでしょう。

ましてや,「学びに向かう力」を評価する方法は,「子どもの表情をみて」とか,「先週からの学習の様子と比べてみて」など,非言語的な側面を含めて,エピソード記述などを用いながら評価していくことが求められます。これは,教師の子どもを「見る目」が問われているということでもあると考えます。

2　学習指導案の書式をどのように改変するか?

本書に掲載した学習指導案は,上記の点について改変を加えたものです。ただし,これが唯一の完成形というわけではなく,今後,検討すべき点もいくつかあります。

たとえば,学習指導案の「本時の展開」は従来のとおり,「学習内容・活動」を中心に記述するのでよいのかという点が指摘できます。

具体的に,新しい学習指導要領の改訂のポイントをふまえて考えると,学習指導案の本時の展開では,「内容」を記すだけではなく,「育成を目指す資質・能力」を記載するべきではないかと考えることもできます。

たとえば,次のページのように,「学習内容・活動」の欄のまえに,「(三つの柱に沿った)育成を目指す資質・能力」を目標として書くべきかどうか,今後,検討する必要があると考えます。

時間	学習目標 (資質・能力)	学習内容・活動	指導・支援上の留意点
5	～を理解する ～を考える ～を表現する 等	・絵本を読んで…… ・話し合って、セリフを吹き出しに書く…… ・セリフをみんなの前で言ってみる……	

　確かに、上記のように表記すると、本時の展開においても「何を身に付けるか」が明確になり、「どのような学習内容・活動」が目標と対応しているかが明確になります。

　しかし、このような学習指導案にすると、今度は、「育成を目指す資質・能力」というものは、そもそも一つ一つの学習活動と対応する必要はないのではないのか、という意見も出されることでしょう。すなわち、授業の展開に「資質・能力」が、あまりにも前面に出てしまうと、今度は「資質・能力」を引き出すための学習活動を考えるようになってしまい、「訓練」的な学びになるのではないかという懸念も生じます。

　これは、今回の学習指導要領では、「育成を目指す資質・能力（目標）」と「楽しく・アクティブに学ぶ（内容・活動）」の両面をどのように織り合わせるかということを常に考えて授業づくりを行うことが求められているということを意味します。

　この点についていえば、「単元設定の理由」の記述についても同様です。これまでの学習指導案では、「児童の実態」「教材の選定」「指導上の工夫」といった点が「単元設定の理由」に書かれていましたが、こうした中に「資質・能力」や各教科等における「段階」「領域」をどこまで明確に記述して

いく必要があるかという点を，今後，検討する必要があります。

　本書で示した学習指導案は，これまで書いたものを新しい学習指導要領の趣旨に沿って改変したものですので，すでに子どもの発達段階が分かる記述があれば，そこに（〇段階）というような文言を挿入しています。

　また，各教科の領域においても，たとえば「かたちであそぼう」などというように，明らかに領域がイメージできるものについては，あえて「図形」という表記はしていません。

　しかし，新しい学習指導案では，こうした点を明確にして，どの段階の子どもが，どの領域の内容を学び，どのような資質・能力を身に付けさせようとしているのかという点を明記することが必要です。そのため，学習指導案の書式を変えて，新しい学習指導要領の趣旨を反映させることができる形にしていくことも必要でしょう。

　特に，新しい学習指導要領では，小学部であれば６年間，中学部であれば３年間かけて，各教科の領域を大きく偏ることなく指導していくことが求められています。こうした点をふまえると，学習指導案の「単元設定の理由」の欄を次頁のように示していくことも必要であるかもしれません。

　今後，こうした点を含めて，学習指導案をどのように書いていくかという点について，検討する必要があると考えます。

○○科（教科名）学習指導案（書式案）

1. **単元名**　　「　　　　　　　　　　　　　」（領域：　　　　）

2. **児童の実態**
   「A児は〜ができるが，〜についてはまだ不十分である（〇段階）。B児は〜ができるようになってきたが，〜が課題である（〇段階）。」というように，実態と段階を対応させて表記する。

3. **単元設定の理由**
   アクティブ・ラーニングの視点をふまえて，
   「主体的な学び」／「対話的な学び」／「深い学び」をどのように実現するかを書く。

4. **単元の目標**
   「育成を目指す資質・能力」を明確にして書く
   （知識及び技能）の目標
   （思考力，判断力，表現力等）の目標　｝について区別して書く。
   （学びに向かう力，人間性等）の目標

各教科の目標と内容が小学校・中学校の学習指導要領との連続性をふまえて改訂されたのは,インクルーシブ教育の推進と関係があるのですか?

解説総則編では,今回の改訂において,「インクルーシブ教育システムの推進により,障害のある子供たちの学びの場の柔軟な選択を踏まえ,幼稚園,小・中・高等学校の教育課程との連続性を重視」したと書かれています(解説総則編,p9)。つまり,インクルーシブ教育の推進を意識して今回の学習指導要領が改訂されたという側面が少なからず「ある」と考えられます。

たしかに,小学校・中学校と特別支援学校は,教育の場は違えども,教育基本法のもとで,同じ教育の目的をもって指導が展開されています。このことからも,インクルーシブ教育を推進する時代においては,教育の目標や内容を示す際に通常の教育と共通の用語で示し,連続性を保つことは大切なことであるといえるでしょう。

具体的には,各教科等の目標や内容について,育成を目指す資質・能力の三つの柱に基づき整理したことや,各学部や各段階に示されている目標や内容が,小・中学校の各教科等へとつながるように留意して目標や内容が示されました(解説総則編,p9)。

こうした用語を統一して,教育目標や内容を連続的に示すことは,実際の指導にも影響があると考えます。

たとえば,小学校から特別支援学校へ転校した子どもの場合,小学部であれば3段階の目標・内容をすでにクリアしてしまっている子どもがいます。そうした子どもには,「児童生徒が就学する学部に相当する学校段階までの小学校学習指導要領等における各教科等の目標及び内容の一部を取り入れることができる」ことになりました(特別支援学校小学部・中学部学習指導要領第1章第8節の2参照:解説各教科等編,p22)。

もちろん,特別支援学校と小学校・中学校の連続性は,目標や内容ばかりでなく,学習評価においても同様です。この点に関して,解説総則編では,

「学部間並びに学校間の接続」が重要であり,「進学時に児童生徒の学習評価がより適切に引き継がれるよう努めていくことが重要である」と指摘されています(解説総則編, p273)。

　学習指導要領の改訂のポイントを以上のように捉えると,重度・重複障害児に対する指導においても,「(発達的にはだいぶ離れているようにみえるけれども)通常の教育との連続性はある」という前提で指導を展開していくことが求められます。

　今回の学習指導要領においても,これまでの学習指導要領で認められていた重複障害児に対する「自立活動中心の教育課程」は,同様に設定できることになっています(解説総則編, p341)。ただし,その場合においても,各教科の「1段階から丁寧に指導する」という考え方を採用し,「障害が重複している,あるいはその障害が重度であるという理由だけで,各教科等の目標や内容を取り扱うことを全く検討しないまま,安易に自立活動を主とした指導を行うようなことのないように留意しなければならない」と指摘されています(解説総則編, p343)。

　当然のことながら,各教科の1段階から指導するという考え方で教育の計画を立てるよりも,「自立活動中心の教育課程」で子どもに合わせて授業を展開したほうがよいという子どももいるでしょう。しかし,重度・重複障害児の教育でも,障害児だから特別な教育課程でよいという意識ではなく,小学校の学習内容に到達することは難しいかもしれないけれど,通常の学校の教育課程に接続できる目標や内容を指導しているという意識をもって授業を展開することが重要であり,こうした実践を創造していくことがインクルーシブ教育を推進することにつながるのだと考えます。

第3章 各教科等編

―各教科の授業改善のポイント―

1 国語の授業づくりのポイント

> 言葉による見方・考え方を働かせ，言語活動を通して，国語で理解し表現する資質・能力を育成することを目指す。
>
> （解説各教科等編，p79：一部省略）

1 実態把握と「段階」の捉え方

　特別支援教育では，これまで，子どもの発達の状態を捉えるためのさまざまな検査技法が開発されてきました。もちろん，こうした検査に基づくアセスメント結果は，日常的に見せる子どもの姿とは異なる実態が分かることも多く，授業づくりにおいて有効な情報源となることがあるのも確かです。

　しかし，アセスメント結果が必ずしも各教科の目標や指導内容を直接的に指し示してくれるわけではありません。

　たとえば，認知能力を評価することができる発達検査を実施して，大まかな発達年齢がわかったとします。しかし，こうしたアセスメントは「ものの名前（語彙─国語的側面）」に関する項目と「ものの数を数えること（計数─算数・数学的側面）」に関する項目を総合的にみているものが多く，それがそのまま教科の段階を示す指標にはなりません。

　そのため，国語や算数の実態を把握する場合には，アセスメント情報を参考にしつつも，それぞれの教科の実態をみていくことが必要です。

　こうした各教科の実態把握をする際に，今回，改訂された解説各教科等編

は，各教科における目標と内容がとても詳細に示されましたので，これをもとに，(大まかに) 子どもの実態を把握し，「段階」を捉えることができます。
　たとえば，国語で育成を目指す「知識及び技能」を整理すると次のようになります。自分が担当している子どもの姿を想像しながら，表の内容を読んでいくと，(大まかに) どの段階に該当する子どもであるかが分かるでしょう。

1段階	2段階	3段階
教師の話し掛けに振り向いたり応じたりすることを十分経験した上で，音声模倣などによる発声や発語によって自分なりの表現ができる。	身近な人との関わりから，言葉を用いることで，自分が感じた気持ちや要求などが相手に伝わることを感じる。	明瞭な発音で文章を読むこと，ひとまとまりの語や文として読むこと，言葉の響きやリズムなどに注意して読む。
筆記具を用いることで，線などが書けることに気付いたり，書いたものに何らかの意味付けをしたりする。	平仮名の文字や平仮名で表された語に関心をもち，音節があることに気付き，語のまとまりとして読むことができる。	促音，長音等の含まれた語句や短い文，平仮名，片仮名，簡単な漢字などを取り扱う。

(解説各教科等編, pp83-84／p89／p95-96をもとに筆者が抜粋し，まとめた。)

　たとえば，平仮名に関心が出て，少し読めるようになった段階が2段階で，そこまで発達していない子どもは1段階というように捉えることができます。また，こうした段階をふまえて指導する内容を考えると，1段階の子どもには無理して平仮名を書かせるのではなく，筆記具を用いて線などを書くことが目標となります。
　このように，解説各教科等編に記載されている各段階の内容を丁寧に読み取ると，指導している子どもの「段階」を (大まかに) 見定めることができ，指導すべき目標や内容が明確になってきます。

2 アクティブに学ぶ国語の授業づくり

　前節までにみてきたように，各教科の指導においては「段階」を見定め，実態にふさわしい目標や内容を設定しなければなりません。その一方で，アクティブ・ラーニングが重視される時代の授業づくりでは，「ワクワク」しながら，みんなで「ワイワイ」と取り組むように授業を展開することも必要です。各教科の授業づくりに関しては，子どもの指導課題を明確にするといった分析的な側面と，子どもが楽しく学べるアクティブ・ラーニング（活動的な側面）を織り合わせることが大切です。

　このとき，「学びに向かう力，人間性等」に注目して授業づくりを考えてみるとどうなるでしょうか。たとえば，国語科における「学びに向かう力，人間性等」は，「言葉で伝え合うよさを感じる」ことであると考えられています。具体的には，「言葉によって自分の思いや考えをもち，伝え，共感を得ることができること，言葉によって自分の要求を伝え実現すること」などを「言葉のもつよさ」として実感できるような国語の授業を展開していくことが大切であると述べられています（解説各教科等編，p80）。

　そして，学習指導要領解説で記されている点はここまでです。すなわち，学習指導要領に記されているのは目標と内容までであり，どのような教材を用いて，どのように授業を展開していけば，「言葉のよさ」を伝え，楽しく学ぶことができるのかという点については，授業を立案する教師にゆだねられています。

　以下に知的障害特別支援学校の国語科の学習指導案を示しました。これをもとに，国語の授業づくりの方法について考えてみましょう。

実践　　　　中学部　国語科　学習指導案

1　単元名　「スリーヒントクイズ大会をしよう」（聞くこと・話すこと）

2 単元設定の理由

(1) 本グループは1年生女子1名，2年生男子2名，3年生男子1名，計4名で構成されている。4名とも基本的な学習態度は身に付いている。また，自分の好きなことや興味のあることを学習に取り入れることで意欲的に取り組む姿勢が見られる。

(2) 国語科の実態としては，4名ともに日常的に言葉でのやり取りができる生徒である。

　1名は，言葉には事物の内容を表す働きがあることに気付いており，色や形などのキーワードを提示することで結び付けて考えることができる（1段階）。

　2名は，言葉には事物の内容を表す働きがあることが分かっているが，順序立てて考えて伝えることが難しく，自分が伝えたいことを優先することがある（1段階）。

　1名は，言葉には事物の内容を表す働きがあることが分かり，事柄の順序を考えて相手や目的に応じて伝えようとすることができる（2段階）。

　このような実態の生徒に対し，将来に向け，人とのやり取りの中で，指示や話の要点を聞いて行動することや自分の考えや伝えたいことを相手に分かりやすく話すことは大切な力であると考える。

(3) 以上のような実態をふまえ，本単元では，必要なことを聞いたり，要点を絞って話したりすることの導入の授業として，ゲーム形式で伝え合う活動を設定した。「大きさ」「形」「色」などのヒントカードを掲示し，クイズを考えるための視点を整理し，自分で必要なヒントを選択できるようにした。また，スリーヒントクイズ大会としてゲーム性を取り入れ，出題者・回答者の役割を交互に行い，やり取りの中で自分が考えたクイズについて説明したり，質問できるようにしたりする機会を設定した。

　このような学習を通して，事物には多様なものの見方・捉え方があることに気付いたり，さらにそれをふまえて連想したりして，言語表現の幅を拡げ，お互いに相手が分かるような表現で伝え合う力を身に付ける

ことができるようになってほしいと考え，本単元を設定した。

3 単元の目標
○事物には，さまざまな特徴があることがわかり，友達に伝わるように言葉や文字で表現することができる。
　　　　　　　　　　　　（知識及び技能）（思考力，判断力，表現力等）
○友達とのやり取りの中で，相手を意識し，自分の思いや考えを伝えようとする。　　　　　　　　　　　　　　　　　（学びに向かう力，人間性等）

4 指導計画（9時間取扱い：1単位50分）
　第1次：スリーヒントクイズのやり方を知ろう……1時間
　第2次：テーマに沿ったスリーヒントクイズをつくろう……3時間
　第3次：スリーヒントクイズ大会をしよう……5時間（本時は第2時）

■ 解 説 ■

　この授業に参加している4名は，発達的には1段階3名，2段階1名となっています。こうした実態は，「聞く・話す」の実態から整理してみると，「事物の内容や経験・考えを言葉で表すこと（知識及び技能）」と，「事柄の順序，構成，内容などの伝え方（思考力，判断力，表現力等）」という点を軸に国語の実態を整理しています。
　授業では，「言葉で様々な情報を得たり人の思いや考えに触れたりする経験や，自分の思いや考えをまとめたり相手に分かりやすく伝えたりする経験を積み重ねる（1段階）」という点や（解説各教科等編，p260），「言葉を用いて伝えたいことを明確にして伝えたり，対話の経験を積み重ねたりする（2段階）」という記述を参考にして（解説各教科等編，p267），自分の考えを伝えたり，友達の考えを聞いたりする学習活動を実施しようと考えました。そして，こうしたやり取りを通して「言葉への自覚を高めること」（解説各

教科等編，p258）を目指すという目標を設定しました。

　スリーヒントクイズは，一つの言葉を，三つのヒントを使って相手に伝えるクイズで，活動のルールが分かりやすいことが特徴です。これは，学習指導要領解説では，１段階の「身近な大人や友達とのやり取りを通して，言葉には，事物の内容を表す働きや，経験したことを伝える働きがあることに気付くこと」や（解説各教科等編，p261），「見聞きしたことや経験したこと，自分の意見などについて，内容の大体が伝わるように伝える順序等を考えること」（解説各教科等編，p263）と関係があります。

　また，２段階の「考えとそれを支える理由など，情報と情報との関係について理解すること」や（解説各教科等編，p268），「相手や目的に応じて，自分の伝えたいことを明確にすること」（解説各教科等編，p271）という箇所と関係します。授業では，こうした点をふまえて指導することが求められます。

　また，この授業は，スリーヒントクイズを用いて，言葉を使う楽しさを味わうことをねらっています。これは，「言葉によって自分の思いや考えをもち，伝え，共感を得ることができること，言葉によって自分の要求を伝え実現すること」など，「言葉のもつよさ」を実感できると考えたからです。

　そして，以上のような実感をもてる授業の中で，国語における「学びに向かう力，人間性等」が育つと考えます。すなわち，「学びに向かう力，人間性等」をベースにした授業づくりでは，教えたい言葉を「これは何て言う？」と尋ねて練習するような国語の授業を展開するのではなく，楽しく活動しながら，気が付いたら知識や技能，あるいは思考力や表現力が身に付いたというように進めることが大切であると考えます。

　こうした授業づくりのプロセスは，教科指導においては共通した特徴であり，他の教科学習においても意識しなければならない点です。すなわち，子どもの発達段階をふまえた目標や内容を選定する際には分析的に進めるが，その内容を授業で展開する際には，取り扱う内容の奥にある文化性を大切にした，アクティブで楽しい活動を用意する。これら両側面を意識して授業を設計することが，教科指導において大切です。

（渡邉　崇）

Question

 小学校の国語では「話すこと・聞くこと」となっているのに、なぜ特別支援学校では「聞くこと・話すこと」となっているのですか？

この点について、学習指導要領解説では以下のように記載されています。

> 〔思考力、判断力、表現力等〕の領域について、小学校の国語科では、「A話すこと・聞くこと」としているが、小学部の国語科では、「A聞くこと・話すこと」としている。これは、知的障害のある児童が国語を獲得する過程をより重視していることから、「聞くこと」を先に位置付けているものである。　　　　　（解説各教科等編、p78：一部省略）

つまり、小学校の国語では、「話している子どもの話を聞く」ということが指導の主眼であるので「話すこと」が先になっています。それに対して、特別支援学校では「聞くこと」そのものが指導の中心となる子どもがいるということです。特に1段階の子どもの中には、言語が未発達であるために、「話すこと」が十分にできない場合もありますので、（発達的にみて）その前提となる「聞くこと」が先に位置付けられているということです。

このように捉えると、「聞くこと」だけを目標にした国語の授業を行うこともできるようになります。たとえば、「絵本の読み聞かせを通して、言葉の響きを感じたり、お話を聞くことを楽しむ」などというように、「（話をしない）聞くこと」の授業も十分に考えられます。

今回、改訂された特別支援学校の学習指導要領は、インクルーシブ教育の推進を意識して改訂されたという点はこれまでにも指摘した通りです。本来、インクルーシブ教育を展開するのであれば、小学校や中学校の国語の指導においても、「話すこと」の前段階にある「聞くこと」の重要性を意識するといった「特別支援教育からの視点」を取り入れ、授業改善を進めていくことが必要であると考えます。

2 算数・数学の授業づくりのポイント

> 数学的な見方・考え方を働かせ，数学的活動を通して，数学的に考える資質・能力を育成することを目指す。
>
> （解説各教科等編，p105：一部省略）

1 「見方・考え方」を育てる算数・数学

　今回の学習指導要領では，子どもがそれぞれの教科の特質に応じて「見方・考え方」を育成することが目標として位置付けられました。前の節で取り上げた国語であれば，「言葉による見方・考え方」を育てることが目標であり，その中で，知識を増やしたり，人に伝えられるように表現力を身に付けることが目標となります。それでは，算数・数学における「見方・考え方」とはどのようなものでしょうか？

　解説各教科等編では，算数で育成する力とは，「物事の特徴や本質を捉える視点」をもったり，「思考の進め方や方向性」を見つけ出したりする力であると指摘されています（解説各教科等編，p106）。

　もちろん，このことは生活とまったく遊離した内容を指導することが算数・数学であるという意味ではありません。解説各教科等編においても，「児童の数量的な感覚を豊かにするために，生活の中で数量にかかわる具体的・体験的な活動などに重点を置いて指導に当たる重要性があることについては，基本的にはこれまでの理念を引き継いでいる」と指摘されています

(解説各教科等編, p104)。しかし，今回の学習指導要領では，「見方・考え方」を育てるために生活の中で用いる数量を取り上げるというような位置付けになりました。

　振り返ると，これまでの算数・数学の目標は，「日常生活に必要な数量や図形などに関する初歩的な事柄についての理解を深め，それらを扱う能力と態度を育てる」というものでした（平成21年・解説総則等編, p328）。この点に関して，当時の学習指導要領解説では，「日常生活に必要な」とは，「社会生活や自立のための基礎的な能力として，役立つものでなければならないという意味である」と説明されています（平成21年・解説総則等編, p329）。

　すなわち，これまでの算数・数学は，「社会生活」や「自立」に必要な事柄を取り上げ，「日常生活に役立つ」ことを目指して指導するという側面が強く打ち出されていました。

　一方，新しい学習指導要領では，「数学的な見方・考え方」を身に付けるための授業を展開することが求められています。

　これは，「生活と関連することを学ぶ」ということが目的なのではなく，あくまでも「見方・考え方」を育てるための「手段」として「生活の中の数量を用いる」という位置付けになったというように考えることもできます。つまり，新しい学習指導要領では，「子どもの生活に必要であるから，〜の学習をする」という授業では，真の意味で算数・数学の授業であるとは言えないということにもなると考えられます。

2　「数学的な見方・考え方」を育てる授業づくり

　具体的な例を挙げて考えていきましょう。小学部第2段階の算数では，「10までの数を数える」ことが指導内容として挙げられていますが，この指導に関して平成21年・解説総則等編と平成30年・解説各教科等編では次の表のように異なっています。

　これまでの学習指導要領では，数に関する「具体的な活動」を繰り返し学習するといった点が強調されていたのに対し，今回の学習指導要領では，

平成21年・解説総則等編 「生活に必要な算数」	平成30年・解説各教科等編 「数学的な見方・考え方」
順序数をとなえたり，数字を読み書きしたりするなどの数詞の活用を，日常生活経験の中で繰り返し学習することが大切である。	「1，2，3，4，5，…」というように，1から上昇方向に数が順に並んでいることをさす。順番や位置を調べる活動を通して順序数や集合数の違いが分かるようにする。

（平成21年・解説総則等編，p287および平成30年・解説各教科等編，p119）

「数の順序性（1の数の次は，2・3と続くなど）」に気付き，理解することが算数の目標となっています。

　また，「1」よりも「5」のほうが，「数が大きい」ということが分かったり，「何番目の人（順序数）」という数と，「全部で何人（集合数）」という数を区別できるように指導するなどが，算数・数学であるといえます。

　こうした教科学習の目標は主として発達段階に応じて設定されるものであり，特別支援学校の学習指導要領でも「段階」ごとに目標を変えています。

　もちろん，こうした点を指導する場合にも，「いろいろなものの中から仲間集めをして数える活動」など，具体的な活動を通して指導する必要があると指摘されています（解説各教科等編，p119）。しかし，具体的な活動を通して楽しく学習しながらも，「経験の中で学ぶ」のではなく，「数の原理に着目させること」＝「数学的な見方・考え方を働かせる」ことが，今回の学習指導要領では求められています。

　こうした「数学的な見方・考え方」を育てるためには，どのような授業を展開する必要があるのでしょうか。以下，図形の授業を例にして考えていきたいと思います。

実践　**小学部低ブロック（2年生）　算数科　学習指導案**

1　単元名　「かたちであそぼう―丸・四角・三角―」

2　単元の目標
・丸・四角・三角の形に触れ，形に特徴があることが分かる。
　　　　　　　　　　　　　　　　　　　　　　　　（知識及び技能）
・丸・四角・三角を同じ形に分けることができる。
　　　　　　　　　　　　　　　　　　　　　（思考力，判断力，表現力等）
・丸・四角・三角に気付き，興味・関心をもって取り組もうとする。
　　　　　　　　　　　　　　　　　　　（学びに向かう力，人間性等）

3　本時の展開（⇒評価の観点）

時間	学習内容・活動	指導・支援上の留意点
3	1　集めた絵カードを形ごとに分ける。（※教室からとんがり館生活指導室2へ移動するときに貼ってある絵カードを集める。）	・身の回りのものの形に興味・関心を示すことができるように，「○○はころころするね」，「ちくちくするね」等の言葉をかけることで形に注目できるようにする。
5	2　名前を書く。	・一文字ずつ確認したり，どの文字から書くかを聞き，名前の文字に注目する。
2	3　「かたちのうた」を聞く。（「まる・さんかく・しかく」）	・「かたちのうた」では，歌詞の内容に合う形に触れ，形に対する興味・関心を高める。
20	4　「かたちであそぼう」をする。 せんせいからふたりにプレゼントがとどきました。た	・教師からのプレゼントとしてボールや三角錐や箱を提示したり，2人へのビ

くさんあそんでみよう。	デオメッセージを流し，活動への期待をもつ。
5　プレゼントで遊ぶ。	・「プレゼントを探そう！」と言葉かけをし，楽しみながらボールや箱を準備する。
	・立体物を擬音語や擬態語で表現し，形の特徴や違いに気付くようにする。
(1)丸（ボール）を使って遊ぶ／転がす，座る等	・丸で遊ぶ際には，転がしたり，座ったり，積み重ねたりできるかを試し，形の特徴や面白さに気付くことができるようにする。
(2)四角（箱）を使って遊ぶ／座る，重ねる，見立てて遊ぶ等	・四角で遊ぶ際には，座ったり，積み重ねたり，電車や車に見立てて遊び，形の特徴や面白さに気付くことができるようにする。
(3)三角（三角錐）を使って遊ぶ／座る，重ねる，滑る等	・三角で遊ぶ際には，座ったり，積み重ねたり，斜面を滑ったりできるか等を試してみることで，形の特徴や面白さに気付くことができるようにする。
(4)全部を使って遊ぶ／座る，重ねる等	・全部の形で遊ぶ際には，違う形を積み重ねたり，全部の形を積み重ねたりして，形の違いに気付くことができるようにする。
	A児には，触った感想を問いかけることで，形の特徴や違い等を自分なりの言葉で表現できるようにする。
	⇒丸，四角，三角の形の大まかな特徴に気付くことができたか。＜観察＞（A児）

5	6 片付けをする。 （形ごとに所定の位置に集める。）	B児には，「同じものどれ？」等と言葉かけをすることで形の形状に注目できるようにする。 ・片付ける際には，形をよく見るように言葉かけをすることで，同じ形同士を集めることができるようにする。 ⇒丸，四角，三角の形の違いに気付くことができたか。＜観察＞（B児）
5	7 振り返りをする。 ・遊んでいる様子の動画を見る。	・遊んでいる様子の動画を見ながら本時の振り返りを行うことで，形の特徴や名称についての言葉を引き出すことができるようにする。

（一部，省略：実際の授業は「はじめに」と「おわりに」が加わり45分授業）

■ 解説 ■

　新しい学習指導要領では，「ものの見方・考え方を働かせ」ることが各教科の目標として掲げられました。そのため，今後は，特別支援学校においても，算数・数学の授業であれば，「数学的な見方・考え方」を育てていくことが目標となります。

　ただし，形の学習をするときに，「見方」を学ぶ授業を展開しなければならないからといって，丸や三角形を「じっと見させる」というような授業では「数学的な見方・考え方」は育ちません。そうではなく，知的障害児の授業であれば，歌を歌いながら，いろいろな形を触ってみるというような「感覚」を通して認識を育てるといったアプローチが重要になります。

　また，「数学的な見方・考え方」を育てるときには，子どもが試行錯誤することも大切です。例示した学習指導案でも，「かたちであそぼう」という設定の中で，いろいろな形を転がしてみたり，重ねてみたり，滑ってみたり

……というように，さまざまに形とふれあう時間が設けられています。

　こうした遊びは，「こんなふうに重ねてみよう」という主体的な学びを引き出しやすいものです。そればかりか，クラスで友達と一緒に活動すれば，「○○ちゃんは，こんな重ね方をしている」とか，「□□くんが投げたら転がっていったぞ」などというように，自分とは違う動かし方を見て対話的に学ぶこともできます。

　そして，こうした学習活動を通して，A児は感覚的に見ていた形の特徴を言葉で表現できるようになったか，B児は形の違いを片付けなどの中で区別できるようになったかについて評価しようとする授業となっています。

　このように，育成を目指す資質・能力（「数学的な見方・考え方」）を明確にして授業を行うのだとしても，これまで，知的障害児教育で蓄積されてきた教材・教具の工夫や，指導の手立ては変わらず有効に活用することができます。むしろ，これまでスキルを獲得することに注意を向けがちだった授業を，「見方・考え方」に注目して授業を改善していくことが求められているのだと考えます。

（吉田　史恵）

3　算数・数学の「段階」と「内容」

(1)　算数・数学の「段階」の捉え方

　これまでにも指摘してきたように，教科学習は子どもに伝えるべき「内容（文化）」を，発達に応じて配列したものです（本書pp41-45参照）。そのため，発達の「段階」をふまえ，子どもの実態にふさわしい内容を選定することが教科学習では不可欠です。

　特に，算数・数学は子どもの発達を見ていく際に比較的分かりやすい教科ではないかと考えます。それは，「三つまでは数えられるようになった」とか，「三角形が書けるようになった」など，普段の生活の中で算数・数学的な発達の状態が分かる場面（指標）がたくさんあるからです。

　たとえば，特別支援学校学習指導要領では，小学部に三つの「段階」が設

1段階	ものの有無や3までの数的要素に気付き，身の回りのものの数に関心をもって関わることについての技能を身に付けるようにする。
2段階	10までの数の概念や表し方について分かり，数についての感覚をもつとともに，ものと数との関係に関心をもって関わることについての技能を身に付けるようにする。
3段階	100までの数の概念や表し方について理解し，数に対する感覚を豊かにするとともに，加法，減法の意味について理解し，これらの簡単な計算ができるようにすることについての技能を身に付けるようにする。

（解説各教科等編，p109／p116／p124を筆者がまとめた。）

定されていますが，「数と計算」という領域では，各段階の特徴を上の表のように示しています。

このように同じ領域の段階を列挙してみると，子どもの発達のプロセスを確認することができます。たとえば，算数・数学であれば，「10までの数」くらいであれば理解できていると捉えられる子どもは「2段階」に入ります。それ以上の理解がある（たとえば，2桁の数が分かる）場合には「3段階」と考えられます。

このように，新しい学習指導要領解説では各教科等編の中に子どもの発達段階を大まかにつかむことができる情報がたくさん記載されています。そのため，学習指導要領解説をもとにまず自分が担当している子どもの段階を捉えて目標と内容を考えることが必要です。

可能であるならば，これまで多くの書籍の中で整理されてきた子どもの発達の指標と，学習指導要領の段階を重ね合わせてみるとよいでしょう（特別支援教育で用いられている発達検査ばかりでなく，幼児保育の書籍などでまとめられている発達段階表なども含めて）。こうした整理をしてみると，たとえば，小学部2段階の子どもは発達的にどこに位置付くのかが理解できるので，より正確に実態をつかむことができます。

(2) 領域別の「内容」の構成

「教科」にはその教科を構成する「領域」がいくつか設定されています。国語でいえば、「聞くこと・話すこと」「書くこと」「読むこと」というように構成されていますが、算数ではどうでしょうか？

小学校の学習指導要領への連続性を意識してつくられた今回の学習指導要領は、算数の領域も小学校１年生に接続できるように構成されました。具体的には、小学部の三つの段階における算数の領域は以下のように構成されています。

1段階	2段階	3段階
A　数量の基礎	A　数と計算	A　数と計算
B　数と計算	B　図形	B　図形
C　図形	C　測定	C　測定
D　測定	D　データの活用	D　データの活用

このように整理してみると、特別支援教育において算数・数学の領域を指導する計画を立てる場合には、「数」を数えるといった領域（「数と計算」）ばかりではなく、「測定」や「図形」などの領域についても取り扱うことが必要であることが分かります。

ともすると、知的障害児の算数・数学は「生活する上で必要性が高いから」という理由で「お金の計算」や「時刻の読み方」に偏ってしまうことも多くあります。しかし、今回の学習指導要領改訂の趣旨をふまえると、あらゆる領域を全体的にカバーできるように指導計画を立てていくことが必要であると考えます。

実際の授業を計画する際には、領域を確認するだけでなく、具体的にどのような内容が設定されているのかを確認することが必要です。たとえば、小学部の２段階の「測定」では、「身の回りにある具体物の量の大きさに注目し、二つの量の大きさに関わる数学的活動」を取り扱うことになっています（次頁の表参照）。

知識及び技能	思考力，判断力，表現力等
㋐ 長さ，重さ，高さ及び広さなどの量の大きさが分かること。 ㋑ 二つの量の大きさについて，一方を基準にして相対的に比べること。 ㋒ 長い・短い，重い・軽い，高い・低い及び広い・狭いなどの用語が分かること。	㋐ 長さ，重さ，高さ及び広さなどの量を，一方を基準にして比べることに関心をもったり，量の大きさを用語を用いて表現したりすること。

（解説各教科等編，p121：一部省略）

　以上のように，小学部の算数で2段階の子どもの「測定」に関する指導内容を見てみると，この段階の子どもの「測定」に関する学習は，決して単位を使って数値化する学習をするのではないということが分かります。そうではなく，二つの物を比べる活動を通して，「量を比較する言葉（長短／軽重等の知識）」を理解したり，「基準となるもの」が分かるといった数学的思考ができるように指導することが求められます。

Q ▶ 算数・数学の「学びに向かう力，人間性等」のイメージがわきません。どのように考えればよいでしょうか？

　算数・数学の学習は，もしかしたら「学びに向かう力」を大切にして問題を解かせるものではないと思われる人もいるかもしれません。ましてや，算数・数学を通して「人間性」を育てるということなど，なかなか想像することが難しいかもしれません。

　しかし，算数・数学を学んでみたいという気持ちを「学びに向かう力」として捉え，数学的に思考することを生活の中で積極的に取り入れていこうとする態度は「人間性」の一つと捉えることができます。学習指導要領では，算数・数学における「学びに向かう力，人間性等」について，以下のように書かれています（小学部1段階と中学部2段階の一部を抜粋）。

小学部1段階（A　数量の基礎）	中学部2段階（A　数と計算）
ウ　数量や図形に気付き，算数の学習に関心をもって取り組もうとする態度を養う。	ウ　数量に進んで関わり，数学的に表現・処理するとともに，数学で学んだことのよさを理解し，そのことを生活や学習に活用しようとする態度を養う。

（解説各教科等編，p109およびp316を筆者がまとめた。）

　こうして整理してみると，算数・数学における「学びに向かう力，人間性等」とは，「数や図形を進んで操作してみたい」という気持ちを育てることだと考えられます。たとえば，知的障害児が，遊びで三角形を組み合わせて形を作っていくうちに，「四角形ができた！」と感動し，「もっといろいろな形を作りたい」と手を伸ばしてくるといった姿は想像できるでしょう。

　また，中学部2段階の子どもが，「表にしたらよく分かった」など，数学の授業で「すっきりした」と感じることはあると思います。こうしたことが算数・数学の「学びに向かう力，人間性等」にあたると考えます。

3 生活科（理科・社会科）の授業づくりのポイント

> 具体的な活動や体験を通して，生活に関わる見方・考え方を生かし，自立し生活を豊かにしていくための資質・能力を育成することを目指す。
>
> （解説各教科等編，p41：一部省略）

1 特別支援学校小学部における「生活科」の特徴

　これまでの学習指導要領においては，特別支援学校の生活科と小学校の生活科とは目標が若干異なっていました。具体的には，小学校の生活科が「社会及び自然とのかかわりに関心をもち……」というように，「社会科」や「理科」へと接続することを意識した目標であるのに対し，特別支援学校の生活科は「基本的な習慣を身に付け」ることや，「集団生活への参加に必要な態度や技能」を養うことが目標でした（次頁の表を参照）。

　これに対して，新しい学習指導要領では，特別支援学校の生活科と小学校の生活科は，基本的に「生活に関わる見方・考え方」を育てることを目標として，ほぼ同じ表現となりました（平成30年・解説各教科等編，p41／平成29年・小学校学習指導要領解説生活編，p10）。これは，本書でこれまで指摘してきた通り，特別支援学校における各教科が小学校や中学校の各教科との連続性を意識して改訂されたものです。

　これを受けて，特別支援学校小学部生活科の内容も，これまでの学習指導要領に記載されていた内容から名称が変わったり，順番が入れ替わったり，

特別支援学校における「生活科」 (平成21年・解説総則等編)	小学校における「生活科」 (平成20年・小学校解説生活編)
<u>日常生活の基本的な習慣</u>を身に付け，<u>集団生活への参加に必要な態度や技能</u>を養うとともに，自分と身近な社会や自然とのかかわりを深め，自立的な生活をするための基礎的能力と態度を育てる。	具体的な活動や体験を通して，自分と身近な人々，<u>社会及び自然とのかかわり</u>に関心をもち，自分自身や<u>自分の生活について考えさせる</u>とともに，その過程において生活上必要な習慣や技能を身に付けさせ，自立への基礎を養う。

(平成21年・解説総則等編，pp252-253／平成20年・小学校学習指導要領解説生活編，p10をもとにまとめた。下線は筆者。)

一部の内容が他の教科の内容に組み替えられました。

　一方で，これまでの学習指導要領で示されていた「基本的生活習慣」や「日課・予定」など，知的障害児に必要と考えられる内容は継承されている点も多くあります（次頁の表を参照）。

　これは，これまでの内容を継承しつつ，新しい学習指導要領の改訂のポイントである小学校との連続性を意識して内容が再構成されたものだと考えられます。

　ただし，これまで，知的障害児教育においては，時間割には生活科ではなく，生活単元学習を設定してきた学校・学級のほうが多いと思われます。新しい学習指導要領においても，各教科等を合わせた指導に関して，「児童生徒の学校での生活を基盤として，学習や生活の流れに即して学んでいくことが効果的であることから，従前から，日常生活の指導，遊びの指導，生活単元学習，作業学習などとして実践されてき」たと指摘されており，領域・教科を合わせた指導は，従来通り，実施できることになっています（解説各教科等編，p30）。

　今回改訂された特別支援学校学習指導要領の中で，生活科と生活単元学習の違いについては，特に明記されているわけではありません。しかし，学習

指導要領解説には，「各教科等を合わせて指導を行う場合においても，各教科等の目標を達成していくことになり，育成を目指す資質・能力を明確にして指導計画を立てることが重要となる」と指摘されており，まったく従来通りの実践でよいというわけではないと考えます。

そこで，以下，生活科・社会科・理科の内容と生活単元学習のそれぞれの授業をどのような点に留意して行っていくかを考えてみたいと思います。

生活科の学習内容の改正と他教科との関連性

旧学習指導要領	改正点	順番入れ替え	新学習指導要領	教科等との関連
基本的生活習慣			ア 基本的生活習慣	基本的生活習慣に関する内容
健康・安全	安全（「健康」は小学部体育科へ）		イ 安全	
遊び			ウ 日課・予定	生活や家庭に関する内容
交際	人との関わり		エ 遊び	
役割			オ 人との関わり	
手伝い・仕事			カ 役割	
きまり			キ 手伝い・仕事	
日課・予定			ク 金銭の扱い	
金銭	金銭の扱い		ケ きまり	社会科に関する内容
自然	生命・自然		コ 社会の仕組みと公共施設	
	ものの仕組みと働き（新設）		サ 生命・自然	理科に関する内容
社会の仕組み	「社会の仕組みと公共施設」として改編		シ ものの仕組みと働き	
公共施設				

（解説各教科等編，p40およびp43をもとに筆者がまとめた。）

2 生活科から中学校以降の教科学習への移行

　まず，社会科・理科の内容が，新しい学習指導要領ではどのように変化したのか，また，小学部生活科の内容がどのように中学部の教科へと接続しているのかについてみていきたいと考えます。

　社会科と理科に関して，平成21年から平成30年にかけて学習指導要領解説に書かれている内容がどのように変化したのかを整理すると，次頁の図のようになります。

　知的障害児に対する社会科・理科は中学部から設定されていますが，そこでは社会科・理科の「見方・考え方」ができるように次頁のような内容が示されています。

　具体的には，社会科であれば「調べ，考え，表現する」などの学習活動を通して，社会的事象の相互関連や，社会との関わり方を考える方法や視点を身に付けることが求められています（解説各教科等編，p280）。

　また，理科であれば「自然の事物・現象から生徒が見いだした疑問に対して，予想や仮説をもち，それらを追究していく活動」を通して，自然の事物や現象を捉える視点やその関わり方について考える力を育てることが求められています（解説各教科等編，p333）。

　これらの目標・内容は社会科や理科として捉えた場合にはとても理解しやすいと思われますが，（特に重度の）知的障害のある子どもにはたして実践可能なのかどうか，次に考えてみたいと思います。

従前の社会科の領域	新学習指導要領の社会科の領域と主な内容			備考
集団生活ときまり	⇒	社会参加ときまり	＊自立と社会参加を目指すことを明確にするため名称を変更した。	
公共施設	⇒	公共施設と制度	＊提供される行政サービス等も含めて学ぶ。	小学部生活科「社会の仕組みと公共施設」とのつながり
社会の出来事	⇒	産業と生活	＊生産や販売，消費生活等も含めた。	小学部生活科の「手伝い・仕事」の発展
地域の様子や社会の変化	⇒	我が国の地理や歴史	＊身近な地域の地理的環境，歴史，伝統や文化に触れ，地域社会の一員としての自覚を養う。	
外国の様子	⇒	外国の様子	＊従前のとおり。	
		地域の安全	＊新設の内容。地域安全・防災について学ぶ。	

図　特別支援学校中学部社会科の内容

（平成21年・解説総則等編，p322／平成30年・解説各教科等編，p279をまとめた。）

従前の理科の領域		新学習指導要領の理科の領域と主な内容		備考
人体	右に再編成	生命	身の回りの生物や人の体のつくりと運動，動物の活動や植物の成長と環境との関わりについて	小学部生活科「生命・自然」の発展
生物		地球・自然	太陽と地面の様子や雨水の行方と地面の様子，気象現象，月や星について	
事物や機械		物質・エネルギー	物の性質や風やゴムの力の働き，光や音の性質，磁石の性質，電気の回路，水や空気の性質について	小学部生活科「ものの仕組みと働き」の発展
自然				

図　特別支援学校中学部理科の内容

（平成21年・解説総則等編，p336／平成30年・解説各教科等編，p331をまとめた。）

3　重度知的障害児に対する理科の授業づくり

　重度知的障害児（中学部1段階の生徒）の社会科・理科を考えるとき，実践しやすいのはおそらく理科のほうだと思います。それは，子どもたちが関心をもちそうな自然現象や物理の実験などを用意し，自分なりの疑問をもって，それを解決しようとする授業を展開するということであれば，教科・理科の授業を成立させることができると考えるからです。

　一方で，社会科は「自己と社会との関係を考える」ことが求められる教科です。たとえば，身近にある公共施設を学ぶといっても，そこに行けば学習が成立するというものではありません。教科・社会科としてみたときには，市役所という公共施設が建設された「社会（制度・文化）的な意味」に目を向けなければなりません。しかし，そうした学習となると，重度の知的障害児には少し難しい学習になってしまいます。

　もちろん，理科においても，実験をみて不思議に思うという程度の表面的な「見方・考え方」では不十分です。そうではなく，諸現象の背後にある「法則」を深く理解することであると捉えることが必要ですが，こうした授業になると重度の知的障害児にはやはり難しい教科となります。

　このとき，「深い理解」につながる初歩的な学習を行うことができるかどうかを考えることが重要です。たとえば，「生徒の身の回りに見られる様々な生物の色，形，大きさなどの特徴について調べる活動」（解説各教科等編，p341）や「太陽の光が当たっている地面と当たっていない地面の暖かさや地面の様子について調べる」（解説各教科等編，p343）といった例示が学習指導要領解説にはあります。

　こうした記述をヒントにすれば，比較的重度の知的障害児であっても，理科の授業ができるのではないでしょうか。秋の季節，比較的気温が下がった晴れた日に，太陽が当たっているところと日陰のところに行き，「暖かさ，寒さを実感する」といった学習や，「日陰は寒いね」という理解をしていく授業展開は想像できると思います。このとき，もう少し発展的な学習が可能

な子どもがいる場合には,「太陽」に着目させ(理科的な見方),「太陽の光が届かない日陰は寒い(理科的な考え方)」という認識と結び付けていく学習ができるでしょう。

また,解説各教科等編には,「風の力で動く物をつくり,うちわや板目紙などを用いて,物に風を当てたときの力の大きさと物の動く様子について調べる」という学習も例示されています(解説各教科等編,p345)。風をおこして物を動かす学習は,物理の学習につながる内容です。比較的重度の知的障害児でも,風を感じながら,「目の前にあるものを,風を使って動かしてみたい」と思えば,理科の学習に主体的に参加していると言えるのではないでしょうか。

もちろん,この学習が「うちわで扇いで物を動かして遊んだ」ということだけで終了してしまったら「教科・理科」の学習としては不十分であるかもしれません。解説各教科等編にも記載されているように,こうした学習活動を通して「風の力は,物を動かすことができることや,風の力の大きさを変えると,物が動く様子も変わる」(解説各教科等編,p345)ということを可能な限り理解できるように,授業展開や指導方法を工夫しなければなりません。

以上のような授業を展開するにあたり,どのくらいの認識能力があれば理科の授業が実践可能であるのかという点が気になります。この点を考えるにあたり,学習指導要領を参考にするならば,色や形などを見分けるといった「差異点や共通点に気付き,疑問をもつ力」があることが理科の学習の最低条件になると考えます。

ただし,こうした認識力があるかどうかという点についても,幅を持たせて,捉えることが必要です。

たとえば,生物でいえば,「足がある動物」と「足がない動物」というような見方ができれば「理科的な見方」をしているということになります。物理でいえば,ぬるいお湯に手を入れたあと,生徒の目の前でたくさんの氷を入れてお湯を冷やし,再び水に手を入れて「冷たい!」と感じる活動をした

あとに，氷に着目することができれば，それは理科（温度の変化）を学んでいることになるでしょう。

このように，重度知的障害児の教科学習に関しては，教師にある程度，教材を解釈し，教科の本質をつかむ力が必要となります。すなわち，「生徒が楽しく活動する」という側面と，「教科の見方・考え方」を重ね合わせる力が教師に求められます。

4 重度知的障害児の生活単元学習と社会科の授業づくり

一方で，解説各教科等編に記載されている中学部1段階の社会科の内容をみていくと，上述した理科のように，身体的に実感できるような内容がなかなか見つかりません。それは，社会科という教科が，身体・感覚から離れたところにある「世界」を想像する教科だからだと考えます。

たとえば，「お店」について学習する社会科の授業を考えてみましょう。解説各教科等編には，「近隣の小売店やスーパーマーケットなどを見学して，働く人の様子や商品を具体的に観察したり，そこで働いている人から聞き取り調査をしたりする」といった内容が記載されています（解説各教科等編，p288）。

このとき，「社会的な見方・考え方」を育てるには，単に「スーパーに行き，働く人を見てきた」というだけでは不十分です。そうではなく，お店には物を「売る人」と「買う人」がいるということが分かったとき，「社会的な見方・考え方」が働いたと捉えることができるでしょう。

また，物を売る人の中には，品出しをする人やレジを打つ人などいろいろな役割があるといった「見方・考え方」ができるようになることも「社会的な見方・考え方」であるといえます。可能であるならば，工場や農場で作った製品・食べ物がスーパーに運ばれてくるといった「流通」に関しても目を向けられるとよいでしょう。

こうした学習を積み重ねていくことが社会科です。しかし，「公共施設」や「歴史」「外国」などは，なかなか実感をもって学ぶことが難しい内容で

あると考えます。そうした場合には，社会科として授業を考えるのではなく，社会科の内容の一部を生活単元学習の中に組み入れ，「教科等を合わせて学習する」という形をとるのがよいと考えます。

　たとえば，「コンビニエンスストアで買い物をしよう」という生活単元学習を計画したとします。具体的には，主として次の点を学ぶ授業として計画していたとします。

・商品の値段をみて，合計金額を算出する（算数・数学―数と計算）
・お店でのやり取りができるようにする（国語―聞くこと・話すこと）

　こうした目標に加えて，「豊かな消費生活につながること」（職業・家庭科）を意識して，「買い物計画を立ててコンビニで買う」ことを考える学習ができるかもしれません。また，社会科として「お店の人はどのような制服で，どのような機械を使って仕事をしているのか」という観察から，「働く人の様子，機械や道具などの工夫や食の安全の確保のための努力」（解説各教科等編，p287）などを考える学習ができるかもしれません。

　もちろん，生活単元学習は，「領域・教科を合わせた指導」だからといって，何でも合わせて教えればよいということではありません。しかし，意図的・組織的に生活単元学習の中に教科の視点を組み入れ実践することで，一連の活動を体験的に学ぶことができるようになり，重度知的障害児を含めた多様な実態の子どもが学習に参加できるようになると考えます。

　ここまで，生活科・社会科・理科といった教科の視点と生活単元学習の授業づくりについて，ポイントを整理してきました。これらの授業には，共通点と相違点があり，特徴をふまえて指導をしていかなければなりませんが，教科か生活かといった二分法的な捉え方ではなく，子どもの実態や課題に応じてどのような教育実践を展開するかを考えることが必要です。

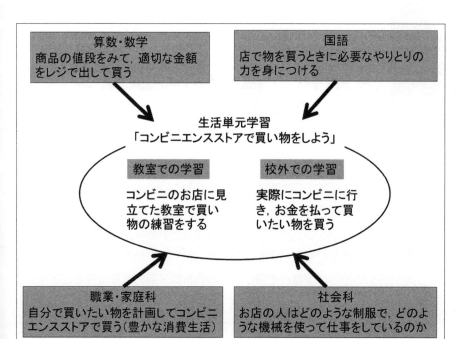

4 美術科・音楽科の授業づくりのポイント

> 【音楽】 表現及び鑑賞の活動を通して,音楽的な見方・考え方を働かせ,生活の中の音や音楽に興味や関心をもって関わる資質・能力を育成することを目指す。　　　　　　　　　　　　　　(解説各教科等編,p141:一部省略)
> 【図画工作】 表現及び鑑賞の活動を通して,造形的な見方・考え方を働かせ,生活や社会の中の形や色などと豊かに関わる資質・能力を育成することを目指す。　　　　　　　　　　　　　　(解説各教科等編,p186:一部省略)

1 「芸術系教科」の知識及び技能とは?

　国語や算数・数学の授業で「どのような知識を身に付けることが大切か?」と聞かれれば,「言葉を覚える」とか「計算の方法を理解する」ということがすぐに思いつくのではないかと思います。逆に,音楽科や図画工作科・美術科は「技能教科」と呼ばれることがあることからも,音楽や図工の授業で「身に付けるべき技能は何か?」と聞かれたら,すぐにイメージできるでしょう。

　一方,音楽科や図画工作科・美術科で学習する「知識」というものはどういうものかと問われたら,どうでしょうか。曲名とか絵画の作者といった「知識」を思い浮かべることが多いのではないかと考えます。

　この点について,解説総則編では,「芸術系教科における知識は,一人一人が感性などを働かせて様々なことを感じ取りながら考え,自分なりに理解

し，表現したり鑑賞したりする喜びにつながっていくものである」と記されています（解説総則編，p191）。

具体的に，学習指導要領解説に示されている小学部の音楽科と図画工作科の「知識」に関する目標を抜粋すると，次のようになります。

小学部「音楽科」の知識の目標	小学部「図画工作科」の知識の目標
【1段階】音や音楽に注意を向けて気付く…… 【2段階・3段階】曲名や曲想と簡単な音楽のつくりについて気付く……	【1段階】形や色などに気付き…… 【2段階】形や色などの違いに気付き……【3段階】形や色などの造形的な視点に気付き……

（解説各教科等編，p145およびpp193-202の内容をまとめた。なお，示されている目標のうち，後半部分の「技能」に関する記述は省略した。）

これらの目標をみると，音楽科や図画工作科における「知識」とは，「知っている」ということではなく，「気付く」という表現を使っていることが分かります。つまり，曲名が言えるとか，道具の名称を知っているといった皮相的な知識を身に付けることが芸術系科目の知識ではなく，「美しいもの」を感じ取り，そこに「気付く」ことができるといったものであるといえます。

また，1段階の児童は，音や色・形に注意を向け，気付くことを目指し，2段階・3段階の児童は，注意を向けたものや気付いたことの「違い」に注意を向けるというように，「目標」が変化しています。

もちろん，音楽科や図画工作科における「違い」が分かるという意味は，「違いを感じる」ということですので，必ずしも「ド」と「レ」がどのように違うのかを説明できるとか，赤色と青色の違いを言語的に区別できるという意味ではありません。

2段階以降の児童になれば，音楽なら「楽器の音色の違い」や「拍や曲の特徴的なリズム」の違いに気付くことが目標になっています（解説各教科等編，p155）。ただし，そうした場合でも楽譜が読めるということではなく，周りの人の演奏（音）を感じて，その音に合わせて自分も演奏する，などが

学習内容となります。

2 「表現」と「鑑賞」が統合された教科−音楽科を例にして−

　音楽科や図画工作科・美術科といった「芸術系教科」にも他の教科と同様に「領域」があります。たとえば、音楽科においては、以下のような領域で教科が構成されています（解説各教科等編，p140）。

「A表現」領域	（小学部1段階のみ）音楽遊び ア 歌唱 イ 器楽 ウ 音楽づくり エ 身体表現
「B鑑賞」領域	

　そのため、音楽科の授業を計画する際には、音を出して演奏（表現）することばかりでなく、「鑑賞」についても取り上げることが必要です。また、表現領域においても、「ア歌唱」から「エ身体表現」までを大きく偏ることなく計画することが大切です（なお、図画工作科・美術科の領域も、「A表現」「B鑑賞」に分けられています）。

　ただし、このことは、時間を分けて「A表現」「B鑑賞」を別個に取り上げて指導しなければならないという意味ではありません。たとえば、音楽科の「A表現」「B鑑賞」については、「これらの活動はそれぞれが個々に行われるだけではなく、相互に関わり合っていることもある」と指摘されています（解説各教科等編，p142）。

　前節の芸術系科目の「知識」の項目でもみたように、芸術系科目は、「感じたこと（鑑賞）」を「音や身体で表す（表現）」ことを大切にする教科であると捉えれば、鑑賞と表現は分割して捉えるのはそもそも難しいと考えることのほうが自然です。

　この点について、音楽の学習指導案をもとに具体的にみていきましょう。

実践　小学部（低学年－１・２・３年）　音楽科　学習指導案

1　単元名　「それいけ！みんなのおんがくたい！」

2　単元の目標
・楽器を使ってリズム合奏やリズム遊びをすることができる。
　　　　　　　　　　　　　　　　　　　　　　　（知識及び技能）
・曲の特徴を感じ取って，自分なりの身体表現をしようとする。
　　　　　　　（思考力，判断力，表現力等／学びに向かう力，人間性等）

3　本時の展開（⇒評価の観点）

時間	学習内容・活動	指導・支援上の留意点
20	1　「とんぼのめがね」（集まりの歌）を聴いて集まる。 え，なになに〜?! 2　本時の学習内容を知る。 (1)始めの挨拶をする。 (2)学習内容と目標を確認する。 なるほどー！ 3　「やきいもぐーちーぱー」の手遊び歌をする。 きた，きたぁ〜！ 4　「どんぐりころころ」，「きのこ」を歌う。 (1)みんなで歌う。 (2)好きな曲を選んで歌う。 なにかあるよ！	・児童が聴き慣れた曲を使い，色付き眼鏡との魅力的な出会いを通して，楽しくワクワクする気持ちや意欲を高める。 ・活動内容を視覚的にカードで提示して確認することを通して，見通しや期待感をもって活動に取り組むことができるようにする。 ・絵カードで「グー，チョキ，パー」の①振り付けを示し手遊びのやり方が分かるようにする。 ・児童から出てくるアイデアを教師が認め，児童のイメージする表現を引き出すようにする。 ・児童が②どんぐりやきのこの飾りを自由に手に取り，曲についてのイメージ

	を広げる。
	・声に出して歌うほかに，教師がリズムをとったり，身体で表現したりする方法を見せることで，表現の幅を広げられるようにする。
	⇒一緒に歌ったり，音に合わせて体を動かして楽しむことができたか。（観察）
5　「むしのこえ」を合奏する。 (1)曲を聴いて，リズムを表現する。 (2)好きな楽器を選んで合奏する。 あれ？きこえてくるよ！	・③大きな木や虫などを配置して情景がイメージできるような場を設定し，児童が興味や期待感をもって活動できるようにする。
	・④身体でリズムをとったり，手拍子をしたりして，音を鳴らすタイミングを確認し，見通しをもって取り組めるようにする。
	・さまざまな楽器の中から自由に選択させ，やりたいと思う気持ちを引き出すようにする。
	⇒曲に合わせて楽器を鳴らすことができたか。（観察）
6　色々な曲に合わせて身体表現をする。 みんな，みてみて〜!!	・自分で感じた音やリズムを，布を使って上下に動かしたり，速く（ゆっくり）動かしたりすることで，自分の表現を視覚的に分かりやすくするとともに，自分や友達，教師の表現を見ることができるようにする。
	・テンポや音の強弱が異なるときの表現方法を教師が手本となって示すことで，表現の手がかりとし，児童の自由な表

	7 「もみじ」を鑑賞する。 　いいねぇ〜	現を引き出すことができるようにする。 ・教師が一緒に体を動かし表現する姿を見せることで，自由に表現を楽しむことができる雰囲気をつくるようにする。 ⇒曲を感じながら身体表現を楽しむことができたか。（観察） ・紅葉の葉や風景のイラストを提示し曲を聴かせ，歌のイメージがもてるようにする。
	8　本時の学習のまとめをする。 　(1)振り返りをする。 　(2)次時の活動を確認する。 　(3)終わりの挨拶をする。 ※□の中の言葉は子どもに期待する反応	・活動内容をカードで提示し，楽しかった活動を指さして発表できるようにする。 ・児童が頑張ったことを教師が伝え，拍手で認め合い，本時の活動への達成感を味わうとともに，次時への意欲につなげる。

■ **解説** ■

　音楽科の授業では，「表現」と「鑑賞」の領域を学習することになっています。もしかしたら，通常の学校では，「鑑賞」を中心的なねらいにして「クラシックの曲を聴いて感想を述べる」といった授業が行われているかもしれません。

　しかし，知的障害児の音楽では，このように「鑑賞」だけを取り上げて，有名な曲を聴かせ，感想を述べ合うといった「学び合い」の授業は，なかなか想定することができないでしょう。むしろ，歌は歌えないけど，大好きな曲を聴くと「身体で表現することはできる」といったことをねらう授業を展開することのほうがイメージしやすいと思われます。

　今回の例示した学習指導案でも，そうした授業の展開となっています。振

り付けを示して手遊びをしたり,「身体でリズムをとったり,手拍子したり……」といった姿がみられるように音楽の授業を実践すると,「表現」については目標を立てやすく,評価も行いやすいと考えます(下線①④参照)。

このように,「表現」と「鑑賞」はもともと分離して捉えることはできないものです。つまり,身体を動かしたり,手拍子したりして「表現」している子どもは,必ずその裏で「鑑賞」していると捉えるべきです。もっと言えば,身体の動かし方や手拍子の仕方は,「どのようにその曲を受け止めたか(鑑賞したか)」によって変わってくると考えます。

たとえば,大好きな曲ばかり聴いている音楽では,気持ちを高ぶらせ,激しく身体を揺らすような表現はたくさんするかもしれません。しかし,曲を聴いて静かな気持ちになるというような「鑑賞」はあまりできないでしょう。すると,子どもからは「しんみりとした表現」などは生まれません。

こうした点をふまえると,知的障害児の音楽でも「曲想」は大切です。例示した学習指導案では,歌に合わせて「どんぐり」をさわったり,教室に虫を配置してみたりしました(下線②③参照)。

音楽の授業では,こうした曲のイメージをもつことにつながる学習も「鑑賞」であり,「表現」の基礎となっていると考えます。

(大村 弘美・滑川 昭)

3 「表現」とはつくり・つくりかえられること－美術科を例にして－

鑑賞と表現が不可分のものであるという捉え方は,図画工作科・美術科においても同様です。解説各教科等編に示されている図画工作科の授業づくりのプロセスをまとめると次頁の図のようになります(解説各教科等編,p186)。

図画工作科・美術科では,このような「つくり,つくりかえ,つくる」過程を通して「造形的な見方・考え方」を育てることが目標となります。そして,こうした過程をつくり出す際に大切なことは,「表現したい」という思いをいかに引き出すかということです。

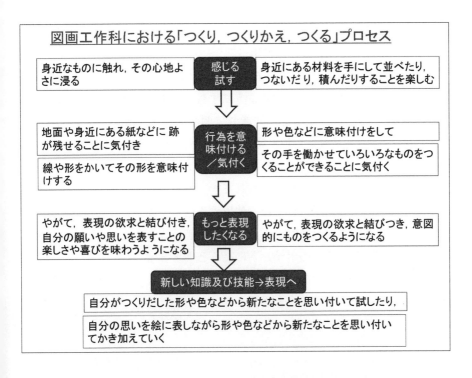

　解説各教科等編の中でも,「自分の夢や願い,経験や体験したこと,伝えたいこと,動くものや飾るものなど児童が表したい,つくりたいと思うこと」が基盤にあり,表現方法(「表し方」)の指導にとどまらず,「よさ」や「美しさ」といった感性あるいは価値観を大切にすることが重要であると指摘されています(解説各教科等編,p189)。

　また,そうした視点をもてるかどうかは,多様な経験が必要であるとともに,美しいもの(善きもの)にふれ,その活動の中でどれだけ精神がゆさぶられたかにかかっています。

　この点については,美術科においても同様です。美術科の学習では,「様々な形や色彩などの造形と,想像や心,精神,感情などの心の働きとが,造形の要素を介して行き来しながら深められる」と考えられています。また,「漠然と見ているだけでは気付かなかった身の回りの形や色彩」のよさや美

しさを感じ取るように授業を展開していくことが大切であると指摘されています（解説各教科等編，pp408-409）。

一方で，美術科の目標には，「材料や用具の扱い方に親しむとともに，表し方を工夫する技能を身に付けるようにする。」（中学部１段階の目標：解説各教科等編，p415）といった「技能」に関する記述も多くみられます。具体的には，「つくる活動」で取り扱われる主な材料を挙げるだけでも，「粘土，紙，石，布，木，金属，プラスティック，スチレンボード，ニス，水性・油性塗料」などさまざまな物が用いられます（解説各教科等編，p415）[注]。

以上のように，芸術系科目では，使用する道具や素材による表現技法と，本人の表現したいこと（鑑賞からくるよさ，価値等を含む）を相互に織り合わせることが授業づくりのポイントになると考えます。

それでは，こうした授業はどのように展開したらよいでしょうか。美術科学習指導案をもとに考えていきましょう。

注）この点については，音楽でいえば楽器等のバリエーションを多様に考えるということになります。具体的には，簡単に操作できる打楽器の例として，ツリーチャイム，カバサ，鈴等が挙げられています（解説各教科等編，p399）。

実践　中学部　美術科　学習指導案

1　単元名　「みんなのアートギャラリー —18人18色—」

2　単元の目標
〇水彩絵の具を混色し，ローラーや刷毛を使って着色することができる。
　　　　　　　　　　　　　　　　　　　　　　　　（知識及び技能）
〇友達のもつイメージや好きなものから発想を広げ，色や形で表現することができる。　　　　　　　　　　　　　（思考力，判断力，表現力等）
〇友達と協力して作品をつくる楽しさを味わい，作品のよさや美しさを感じ，

表現しようとする。　　　　　　　　　（学びに向かう力，人間性等）

3　本時の展開（⇒評価の視点）

時間	学習内容・活動	指導・支援上の留意点
20	1　本時の流れを確認する。 　(1)始めの挨拶をする。 　(2)本時の学習内容を確認する。 　　　みんなのちぎり絵 　　　～○○さん～ 2　学年ごとに制作をする。 　(1)配色や分担などについて，話し合いをする。 　(2)友達について表現した色紙をちぎる。 　(3)色紙を人型に貼る。 　(4)用具の片付けをする。 【配置図】 　　ホワイトボード 　　1年　2年　3年	・前時に型取りをした①友達の人型を見ながら誰をつくるのかを確認していくことで，意欲をもって活動に取り組めるようにする。 ・前時に色塗りをした色紙を見ながら，友達のどんなところを思い浮かべてつくったものなのかを確認していくことで，友達についての想像をふくらませることができるようにする。 ・②誰をつくるのか，どんな風につくりたいのか，誰がどの部分をつくりたいのかについて話し合う時間を十分に確保することで，自分から「つくりたい」という気持ちをもって制作できるようにする。 ⇒友達のことを考えて，自分から作品をつくろうとしていたか。（観察） ・色紙を小さくちぎりすぎてしまうときには，大きさの見本を提示することで，大きさを意識してちぎれるようにする。 ・自分でのりを付けることが難しい生徒には，教師が台紙にのりを付けるなどの支援をすることで，友達のことを考えながら色紙を貼る活動を楽しめるようにする。 ・学年の実態に応じて制作の場を工夫することで，自分に合った体勢

		で作品をつくれるようにする。 ・教師が適宜友達の好きな事柄や物について確認する言葉かけをすることで、「友達をつくる」という目的を忘れずに制作することができるようにする。 ・学年の実態に応じて二人組にしたり一人で貼るようにしたりすることで、それぞれの長所を生かして制作ができるようにする。 ・友達のつくっている様子に注目するように言葉かけをしたり、相談しながらつくれるように促したりして、協力して作品をつくるようにする。 ⇒友達のつくっている様子を見たり、話し合ったりしながら工夫してつくり、表現の幅を広げることができたか。(観察)
	3　本時のまとめをする。 　(1)鑑賞をする。 　　・学年ごとに鑑賞をする。 　　・他の学年の作品を鑑賞する。 　(2)次回は誰をつくるのかを確認する。 4　終わりの挨拶をする。	・学年ごとに鑑賞することで、それぞれが頑張った点、素敵だと思う点について感想を共有できるようにする。 ・それぞれの学年の作品について全体で発表し合う場を設定することで、制作した作品が友達のイメージにつながっていることに気付けるようにする。 ・次時でつくる友達の名前を紹介することで、学習に期待感をもてるようにする。

【準備】色紙, スティックのり, 液体のり, 型紙, エプロン, ベレー帽, ホワイトボード, 顔写真

■ 解説 ■

　音楽科の授業と同様に、美術科の授業でも、「鑑賞」と「表現」は一体的に捉えることが大切です。例示した学習指導案の冒頭にある、友達の作品を見て、自分のイメージをリニューアルし、自分の作品の構想を練るという部分は、まさに「鑑賞」から「表現」へとつなげる授業であるといえます。

　これに加えて、美術科の授業では、制作活動で用いる材料や用具の吟味も重要です。「色を塗る」という活動を取り上げても、着色するものが、ペンなのか、水彩絵の具なのかによって、子どもたちの制作に向かう意欲は違ってきます。また、「塗る」ときに筆を使って線を描くのか、ローラーで面を描くのかということでも、「どのように塗るか」という構想は大きく変わってくるでしょう（指導案の【準備】参照）。このように、美術のような芸術系科目では、材料や用具の吟味をすることによって、「主体的な学び」（あるいは、「学びに向かう力」）が大きく変わってきます。

　もちろん、例示した学習指導案のように、自分一人で構想して制作するのではなく、友達と話し合ったり、友達の作品を見たりしながら対話的に授業を展開することも大切です（下線①②参照）。もともと、人は物事を独自の視点で見ていて、そこからなかなか抜け出せないものです。そうしたときに、違う見方をする友達の作品は、新たな思考や判断を引き出し、新しい表現を生み出すことへと結び付いていくでしょう。

　このように、美術で表現を引き出そうとしたら、「材料・用具」や「他者の作品」と「自己のイメージ（構想）」を往復しながら作品づくりをすることが大切です。このように、「造形的な見方・考え方」というものは、固定したイメージを子どもにもたせることではなく、さまざまな物や人との交流の中で、自己のイメージを新しいものにしていくことだと考えます。

　学習指導要領において、美術科の学習が「つくり、つくりかえ、つくる」過程であると記述されているのは、こうした授業を想定してのことだと考えます。

　　　　　　　　　　　　　　　　　　　　　　　　（鳩山　裕子）

5 職業・家庭科と作業学習の授業づくりのポイント

> 生活の営みに係る見方・考え方や職業の見方・考え方を働かせ，生活や職業に関する実践的・体験的な学習活動を通して，よりよい生活の実現に向けて工夫する資質・能力を育成することを目指す。
>
> （解説各教科等編，p469：一部省略）

1 キャリア形成と職業・家庭科の授業づくり

「職業・家庭科の授業で何を学ぶか」ということを生徒に問われたら，多くの教師はどのように説明するでしょうか。近年では，さすがに，家庭科を「ご飯が作れるようになる勉強」と説明する教師は少ないでしょうが，「生活に必要なことを身に付ける」という説明だと，その内容がはっきりしないので，何を教えてよいのか分からなくなってしまう教師もいるのではないかと思います。

平成21年に出されたこれまでの学習指導要領では，「職業生活及び家庭生活に必要な基礎的な知識と技能の習得を図り，実践的な態度を育てる」ことが目標として掲げられていました（平成21年・解説総則等編，p355）。

これが，新しい学習指導要領では，「生活の営みに係る見方・考え方や職業の見方・考え方」を育てることへと目標が改訂されました。こうした点をふまえると，職業・家庭科の授業づくりでは，「生活に必要なことを身に付ける」＝「できることを増やす」という目標だけでは不十分だといえます。

もちろん，職業・家庭科が取り扱う内容は，「実践的・体験的な学習活動を通して」学ぶことが基本になるでしょう。学習指導要領解説でも，職業・家庭科の各分野相互の関連や各教科等との関連に留意することや，地域や産業界との連携により実習等の実際的な学習活動を取り入れ，段階的・系統的に指導することが指導計画を考えるにあたって重要であるという点は指摘されています（解説各教科等編，p469）。

　これは，キャリア形成の視点をもって授業を展開するという意味でもあります。そもそもキャリアとは，「自己と社会とのつながりの蓄積」と定義されていますが（渡辺三枝子編著『キャリアの心理学』ナカニシヤ出版，2007年参照），職業・家庭科の授業では「私」が生活する社会のことを「実践的・体験的な学習活動を通して」深く知り，よりよい家庭生活（あるいは職業生活）を送れるようにすることが目標となります。

2　社会の変化と職業・家庭科の授業の変化

　職業・家庭科の授業を以上のような視点から考えると，社会や生活との「つながり」を意識した授業を展開する必要があります。このことは，社会（生活）の変化にしたがって教科内容を変化させることが必要な教科であるともいえます。

　実際に，職業・家庭科では，情報機器等の取扱いに関することが含まれていますが，今回の改訂ではこれまでの学習指導要領と比べて，情報機器の種類や指導上の留意事項がかなり変化しています（次頁参照）。

　たとえば，情報機器等に関する学習では，単に情報機器の「使い方」を学ぶだけでなく，「インターネット上の情報収集や情報発信が自分の生活に及ぼす影響が分かり，情報機器を使用する際のルールやマナー，人権侵害の防止，危険を回避する具体的な方法などを身に付け」るなど，犯罪を予防するような指導も含まれるようになりました（解説各教科等編，p491）。

平成21年・解説総則等編 職業・家庭科（中学部）	平成30年・解説各教科等編 職業・家庭科（中学部2段階）
コンピュータ等の情報機器や複写機（コピー機）などの事務機器，卓上電話や携帯電話，ファクシミリなどの通信機器など	インターネット等の情報通信ネットワーク，コンピュータやタブレットを使った画像や映像，SNS（ソーシャル・ネットワーク・システム）や通信用アプリケーション・ソフト

（平成21年・解説総則等編，p361-362／平成30年・解説各教科等編，p491）

3　長期的な視野に立って育てる職業・家庭科の資質・能力

　それでは，具体的な授業づくりの方法について検討していきましょう。解説各教科等編には，それぞれの教科の特徴に応じた「指導計画作成上の配慮事項」と「内容の取扱いについての配慮事項」が記載されています。学習指導を立案する際には，これらの配慮事項をふまえて指導することが効果的です。

　たとえば，職業・家庭科（中学部2段階の生徒の場合）では，指導計画作成上の配慮事項として次のような事項が挙げられています（解説各教科等編，pp497-498を筆者がまとめた）。

・題材など内容や時間のまとまりを見通して
・作業や実習など体験的な活動と知識とを相互に関連付けて
・小学部の生活科をはじめとする各教科等とのつながりや，中学部における他教科等と関連させて
・地域や産業界と連携して
・校内での作業や就業体験等と関連させて

　これらの配慮事項が意味するところは，職業・家庭科の授業は，「一つの

単元を全体的に捉えること」「単元と単元の間のつながりを捉えること」「教科間のつながりを考えること」が重要であるということです。

　たとえば，家庭科の学習（中学部２段階）の中に食品の衛生管理に関する内容が含まれています。学習指導要領ではこの内容を取り扱う際の配慮事項として次のように記載されています。

> 　特に，魚や肉，野菜などの生の食品の扱いについては，食中毒の予防のために，安全で衛生的な扱い方を工夫できるように指導するとともに，十分に加熱することが重要である。また，魚や肉の鮮度を見分けること，冷蔵庫や冷凍庫での食品の保存の仕方を知ること，ごみの適切な処理の方法についてもあわせて指導する必要がある。　　　　　　（解説各教科等編，p502）

　こうした内容を学習するために，実際に調理実習を行い，その授業の中で「食品を扱う際に注意すべき点」を教師は生徒に教えながら具体的に調理させることでしょう。しかし，その１回の授業で「食品に関する衛生管理」の方法を理解し，実践できるようになるわけではなく，何回かの調理実習を経験する中で「ばい菌」の理解や食中毒の怖さなどについて理解を深めていくように指導することが必要です。

　また，衣服や住まいについて学習する内容のところでも「清潔」について学ぶ機会があると思われます。こうした別の単元で関連する内容を取り上げるときにも，「衛生」について取り上げ，前の学習と結び付けることが大切です。さらに，現場実習のような学校外で実践的に活動する機会においても，チャンスをとらえて「衛生」を意識して実践させるように働きかけることが重要です。

　もちろん，小学部の生活科で指導してきたことを中学部の授業にも引き継ぎ，指導することは重要です。さらには，保健体育科の内容に「病気の予防」（中学部２段階／保健領域；解説各教科等編，p463）という項目がありますが，この学習の際に「手洗い」について具体的に手を洗いながら指導し

たり，小学部の生活科や中学部の職業・家庭科で学んだ「衛生」と関連させるなども重要です。

このように，職業・家庭科の指導は，同じ教科の中で内容のつながりをもたせ，それらを関連させて学習することが重要です。また，教科間における関連する学習内容を有機的に結び付けていくことが必要です。そのため，教育課程を縦（学年別の内容の系統性）と横（教科等横断的視点）の両方の視点から見つめ，「子どもの学びをつなぐ」ように指導することが重要になります。これは，広く捉えれば，教師が授業を行う際に考慮すべき「カリキュラム・マネジメント」の一つであるといえるでしょう。

加えて，指導方法上の工夫や配慮も求められます。たとえば，先に例示した衛生（手洗いでばい菌を洗い落とすこと）について学ぶ際には，単に手の洗い方を学ぶだけでなく，「ばい菌」が私たちの体にどのような害悪をもたらすのかということが分かり，「手を洗う」ことは健康を保つことにつながるという「見方・考え方」ができるように指導することが必要です。

もちろん，授業を実践する場合には，こうした「見方・考え方」を指導する工夫として，単にばい菌を「見える化」すればよいということではありません。そうではなく，知的障害児がいろいろな角度から「ばい菌」について見つめ，考えることができるような授業を展開することが必要です。

たとえば，「ばい菌」をモチーフにして描かれた絵本を教材にして学習するということがあってもよいでしょう。ときには，食品加工班で手洗いや衛生を徹底して行っている高等部生の作業学習を見学したり，そうした実践を日々行っている高等部生から手洗いの仕方を教えてもらうなども有効であるかもしれません。

このように，教科学習では，単に生活に必要な知識や技能を身に付けるというだけでなく，いったん現実から離れたところで考え，イメージを広げたりすることが可能となります。こうした学びのほうが，実際に手洗いを繰り返す学習よりも，「ばい菌は人の健康を害するものである」という実感やイメージをもちやすくなるのであれば，教科学習を充実させる意義が出てきます。

以上のような「見方・考え方」を育てる職業・家庭科の授業づくりは，これまでの生活単元学習や作業学習の実践とは異なる視点を含んだものであり，今後の実践開発が求められるところです。以下，職業・家庭科の学習を意識した「衛生」に関する学習指導案を通して考えてみましょう。

> **実践**
> ## 中学部　職業・家庭科　学習指導案

1　単元名　「カフェをオープンしよう」

2　単元設定の理由
○本グループは4名で構成されている。4名とも，小学部段階から学級内での係活動や掃除当番，家庭でのお手伝いに取り組んできており，日常生活における役割への理解や，それに伴う基本的な知識・技能が身に付いている。また，中学部での職場体験を通し，職業への興味・関心が高まってきている。
○職業生活に関する実態としては，2名は，学校や家庭生活において，食事前の身支度や手洗い，台拭きの習慣が身に付いている。2名は，飲食店などの職業では，日常生活で注意する以上に，身支度や手洗い，台拭きが重要であることに気付き始めている。一方で，4名とも，学級・家庭外における役割の経験や，身支度や手洗い，台拭きがもたらす意味（効果）の理解については浅い面も見られる。そのため，人との関わりを広げる中で，自分の役割を果たす達成感を得ることや，職業生活に必要な知識・技能への理解を深め，将来の職業生活の基盤となる意欲や態度を養い，豊かなキャリア発達につなげたいと考えた。
○そこで本単元では，カフェをオープンして接客する場面を設定することで，清潔について，実践的・体験的に学習できるようにした。指導に当たっては，最初に教師が，手やテーブルが黒いまま（墨汁を塗ってばい菌をイメ

ージ)の「悪い接客」を演じることで,接客においても,清潔にすることが重要であると気付けるようにした。また,生徒同士で「店員役」と「客役」を交互にロールプレイして見合ったり,アドバイスし合う活動を通し,自分の課題や解決策に気付けるようにした。これらの主体的・対話的な活動を通し,職業生活における清潔について,深い学びができるようになってほしいと考え,本単元を設定した。

3 生徒の実態

氏名	知識・技能	思考力・判断力・表現力	学びに向かう力・人間性
A	・カフェの体験を通し,開店前の準備(身支度・手洗い・台拭き)が分かる。	・汚れを確認しながら,濡れ布巾でテーブルを拭くことができる。	・給食や家庭での食事の前に,自分からテーブルを拭こうとする。
B	・実際の飲食店店員の写真を見て,食品を扱う際の身支度が分かる。	・開店前に,身支度が整っているか,教師や友達に確認することができる。	・自分で鏡を見て身支度を整えようとする。
C	・飲食店での食中毒の話を聞き,髪の毛やゴミが入った食品が不衛生だということが分かる。	・開店前に,自分で鏡を見て,髪の毛が帽子の中に入っているか確認することができる。	・家で髪を束ねてから登校しようとする。
D	・カフェの体験を通し,開店前の準備(身支度・手洗い・台拭き)が分かる。	・手だけではなく,ブラシを使って爪の中の汚れまできれいに洗うことができる。	・汚れがたまらないよう,伸びた爪を家で切ろうとする。

4 単元の目標

○飲食店の仕事に関心をもち，食品を扱う際のポイント（清潔）が分かる。
（知識及び技能）
○客に喜んでもらうための準備に，自分たちで考えながら取り組むことができる。
（思考力，判断力，表現力等）
○自分たちで工夫しながら，清潔に生活しようとする。
（学びに向かう力，人間性等）

5 指導計画（6時間取扱い：1単位50分）

第1次：カフェの研究をしよう……1時間
第2次：カフェの準備・練習をしよう……3時間
第3次：カフェをオープンしよう……2時間（本時は第1時）

6 本時の展開（⇒評価の観点）

時間	活動内容	支援・指導上の留意点
20	1 開店準備をする。	・友達同士で見合う，声を掛け合うようにすることで，食品を扱うのに必要な身支度・手洗い・台拭きの準備ができるようにする。 ⇒髪の毛をキャップの中に入れる，爪ブラシで手洗いする等，食品を扱うのに必要な（清潔な）準備ができたか。（清潔チェックリスト）
20	2 カフェをオープンし，コーヒーや紅茶を出す。	・気付くような言葉掛けをすることで，客席のゴミを片付けたり，テーブルの汚れを拭いたりできるようにする。 ⇒客に喜んでもらうために，自分たちで考えながら客席の清潔を保つことができたか。（お客様アンケート）
10	3 振り返りをする。	

■ 解説 ■

　職業・家庭科の授業で育成を目指すことは，「生活の営みに係る見方・考え方」や「職業の見方・考え方」です。これは言うまでもなく，前者が家庭科に関する目標，後者が職業に関する目標です。

　前頁に例示した学習指導案では，「職業生活を営む上での清潔の重要性」に気付くことをねらっているので，この授業は職業に関する内容です。それでは，「職業」の授業の中で，「清潔」はどのような指導のポイントがあるでしょうか。

　一般の家庭生活においても，手洗いや清掃などはとても重要です。しかし，職業に必要な清潔への意識というものはさらに高い水準が要求されます。

　たとえば，作業学習において食品加工を行っている班では，白衣を着ることは当然のこととして，爪の長さや靴底の除菌，あるいは髪の毛が混入しないように帽子をかぶり，髪を束ねるといったところまで徹底してから作業室に入室します。作業学習では，こうした一連の清潔行動を繰り返し経験することで，「清潔に対する意識」を高めていきます。

　一方で，そうした一連の「清潔行動」の意味を，生徒がどこまで理解しているかというと，十分ではないケースも見られます。それは，「清潔にする方法」を行動できるようにしているだけであり，「なぜ，清潔にしなければならないのか」という点での理解が浅いからだと考えられます。

　こうした清潔行動の方法を身に付けるだけでなく，その意味について深く理解する授業は，「領域・教科を合わせた指導」ではなく，「見方・考え方」を育てる教科学習のほうがやりやすいと思われます。たとえば，「ばい菌」という見えないものをイメージできるようにする授業は職業・家庭科としての「見方・考え方」に通じます。

　このように，職業・家庭科といった教科学習で，よりよい職業生活を送ることができるための「見方・考え方」を身に付けることができるように，視点を定めて授業づくりをしていくことが大切であると考えます。(山本 征紀)

6 体育科の授業づくりのポイント

> 体育や保健の見方・考え方を働かせ，課題に気付き，その解決に向けた学習過程を通して，心と体を一体として捉え，生涯にわたって心身の健康を保持増進し，豊かなスポーツライフを実現するための資質・能力を育成することを目指す。　　　　　　　　　　（解説各教科等編，p218：一部省略）

1　生涯にわたって運動を楽しめる資質・能力を育てる

　今回の学習指導要領では，体育科（中学部では保健体育科）の改訂は他の教科と同様に，小学校体育科の内容と連続的に指導できるようにするとともに，領域が改変されました。

　すなわち，これまでの学習指導要領では，「健康の保持増進と体力の向上を図るとともに，明るく豊かな生活を営む態度を育てること」（中学部保健体育科）が目標であり，領域としては，「いろいろな運動（内容としては，「体つくり運動」「簡単なスポーツ」「ダンス」）」に加えて，「きまり」「保健」というように大きな括りで設定されていました（平成21年・解説総則等編，pp349-350）。

　これに対して，今回の学習指導要領の改訂では，次頁のように改訂され，各内容の名称も小学校や中学校の学習指導要領で用いられている言葉に合わせるように改訂されました。

小学部体育科 1段階	小学部体育科 2段階及び3段階	中学部保健体育科 1段階及び2段階
A 体つくり運動遊び	A 体つくり運動	A 体つくり運動
B 器械・器具を使っての遊び	B 器械・器具を使っての運動	B 器械運動
C 走・跳の運動遊び	C 走・跳の運動	C 陸上運動
D 水遊び	D 水の中での運動	D 水泳運動
E ボール遊び	E ボールを使った運動やゲーム	E 球技
F 表現遊び	F 表現運動	F 武道
		G ダンス
G 保健	G 保健	H 保健

（解説各教科等編，p217およびpp436-437をもとに筆者がまとめた。）

　以上のように改訂されたのは，体育科という教科が基本的に，生涯にわたってスポーツを楽しむことができること（学習指導要領では，「豊かなスポーツライフを実現するための資質・能力」）を育てることを重視していることが理由として挙げられています（解説各教科等編，p224）。そのため，体育の授業では，さまざまな分野の運動を「楽しむ」という視点がより強く求められます。

　さらに，「保健」については，「体育科において心と体を一体として捉えることを重視する観点から，従前生活科で示していた『健康・安全』のうち『健康管理』について，『保健』として体育科で示すこととした」と改訂されています（解説各教科等編，p217：一部省略）。

　そして，今回，示された体育科の目標や内容は，他の教科と同様に，小学部であれば「6学年間にわたって取り扱うこと」とされています（解説各教科等編，p245）。

2 「体育」の授業以外にもある知的障害児の「運動」の時間

　知的障害児の「運動」という点から考えると，必ずしも「体育の時間」だけを考えていればよいというわけではありません。

　これまで，知的障害の子どもに対しては，「放課後，体を動かす機会が少ない」という理由から，朝の時間にランニングをするなどして，意図的に体を動かす時間を設けている学校もありました。

　もちろん，運動量を増やすには動かなければなりません。あまり複雑なルールを理解できない知的障害児でもランニングはできるので，大好きな先生や友達と笑顔で毎日，ランニングをしている子どももたくさんいます。しかし，その一方で，こうした運動の時間が「走らされている」という実感しかわかず，「運動ぎらい」を生んでしまっているケースがないとはいえません。

　そのため，こうした時間にも「楽しく身体を動かす」ことができるような工夫が必要です。

　また，自立活動の中に「身体の動き」という区分があります。近年，知的障害児の自立活動の時間の中にも「身体の動き」を取り入れる学校が出てきています。解説自立活動編においても，ADHDのある幼児児童生徒の場合を例示しながら，「身体をリラックスさせる運動やボディーイメージを育てる運動に取り組みながら，身の回りの生活動作に習熟することが大切である」と述べられています（解説自立活動編，p90）。

　それでは，自立活動と教科・体育は，どのように区別して捉えるとよいでしょうか。

　自立活動は，教科指導において各教科で資質・能力を育てていこうとする際に，「障害」によって生じる学習上，生活上の困難を「改善・克服する」ことが目的です（詳しくは，第4章参照）。

　一方で，教科・体育は運動を通して心身の「健康」や「調和的発達」を実現しようとする科目です。この点について，特別支援学校学習指導要領解説では，次のように指摘されています。

> 体を動かすことが，情緒面や知的な発達を促し，集団的活動や身体表現などを通してコミュニケーション能力を育成することや，筋道を立てて練習や作戦を考え，改善の方法を友達と話し合う活動を通して論理的思考力を育むことにも資することを踏まえ，運動の楽しさや喜びを味わえるような基本的な運動の技能や知識を確実に身に付けるとともに，それらを活用して，自他の運動の課題を解決するなどの学習をバランスよく行うことが重要である。
>
> （解説各教科等編，p439：一部省略）

このように，教科・体育では，「体を動かす」ということを通して，「心」と「身体」をトータルに育てていこうとする点に特徴があります。もちろん，自立活動においても，「身体の動き」を改善することで，「コミュニケーション」が活性化するという効果はねらえますが，教科・体育では心身の調和的発達を実現するための文化的活動を集積したものであるといえます（体育の授業づくりの具体例については，新井英靖監修・茨城大学教育学部附属特別支援学校著『1から始める教科学習「感じる・考える・伝え合う」授業づくり』明治図書，2016を参照）。

7 残された実践課題
―特別の教科・道徳／外国語活動

1 知的障害児に対する特別の教科・道徳の授業づくり

> 児童又は生徒の障害による学習上又は生活上の困難を改善・克服して，強く生きようとする意欲を高め，明るい生活態度を養うとともに，健全な人生観の育成を図る。　　　　　　　（解説各教科等編，p524：一部省略）

(1) 教育課程における「特別の教科・道徳」の位置付け

　道徳教育については，これまでの学習指導要領においても，その重要性は指摘されていました。しかし，今回の学習指導要領では，「特別の教科」として位置付けなおされ，教科用図書ができるなど，新しい実践が始まっています。

　一方，知的障害児教育では，小学校や中学校と比べると，道徳教育については実践の蓄積が少なく，今後，どのように授業づくりを進めていくか，検討が必要です。

　道徳教育は上記にあるように，「強く生きようとする意欲を高めることにより，明るい生活態度を養うとともに，健全な人生観の育成を図ること」を目指すものです。特別支援学校においても，基本的にこうした目標を達成するために指導することが求められていますが，そのためにいくつか留意すべき点があります。

　たとえば，新しい学習指導要領では「障害があるということで，自己の生き方について悩んだり，ときには自信を失ったりして，何ごとに対しても消

極的な態度になりがちな者も見られる」という点が指摘されています（解説各教科等編，p524）。

　こうした特徴をもつ知的障害児に道徳を指導しようとしたら，単に「生き方を考える」というような観念的な指導は効果的ではないでしょう。具体的には，特別支援学校学習指導要領では，道徳教育を進めていくにあたって，以下の点に留意する必要があると指摘されています（解説各教科等編，p525を筆者がまとめた）。

・各教科，外国語活動，総合的な学習の時間，特別活動及び自立活動の指導との関連を密にしながら，経験の拡充を図る
・個々の児童生徒の知的障害の状態，生活年齢，学習状況や経験等を考慮する
・生活に結び付いた内容を具体的な活動を通して指導する
・実際的な体験を重視する

---

(2) 道徳の授業づくりの留意点

　それでは，具体的に道徳教育はどのような目標・内容となるのでしょうか。一般的な道徳教育のイメージは，「規範意識」や「公共の精神」を育てることを思い浮かべるのではないでしょうか。

　実際のところ，こうした項目は，教育基本法及び学校教育法の根本精神とも合致していますので，新しい学習指導要領においても道徳教育の内容に含まれています（解説総則編，p179）。

　ただし，こうした指導項目を表面的に捉えて授業を行うと，「社会に出たときのマナーを身に付ける」ことを主眼とした授業となってしまうことにもなりかねません。また，生活単元学習で校外に出かけたときに「公共のルールを教える」ことをもって「道徳を指導する」という実践になってしまうかもしれません。

それでは，こうした表面的な指導とならないようにするには，どうしたらよいでしょうか。特別支援学校学習指導要領では，以下のような点が道徳教育の柱として位置付けられています（解説総則編，pp179-180を筆者がまとめた）。

- 自己の生き方を考える（小学部），人間としての生き方を考える（中学部）
- 主体的な判断の下に行動する
- 自立した人間として他者と共によりよく生きる

　これらのキーワードから道徳の授業に必要な視点を整理すると，「自己の生き方」について探究することや，「適切な行為を自らの意思や判断によって選択」すること，「社会的な存在としての自己」をみつけることであると考えます。これは，「他者（それらの集合である社会）」との関係を理解し，その中で「私」と「他者（社会）」を大切にすることができる人を育てるということだと考えます。

(3) **生徒指導上の課題を抱える生徒への道徳教育の可能性**

　以上のような道徳教育の目標を正面から取り上げることができるのは，もしかしたら比較的軽度の生徒（中学生・高校生）であるかもしれません。
　実際のところ，比較的軽度の知的障害生徒の中には，自分を否定的に捉え，社会とのかかわりを避けようとする生徒（非社会的行動）や，逆に社会に対する不信感から暴力などが抑えられない生徒（反社会的行動）もいます。そのため，特別支援学校において最も道徳教育を必要としているのは，こうした生徒であるといえるかもしれません。
　こうした非社会的あるいは反社会的な行動をとる生徒に対して，問題行動の改善を促す「生徒指導」を行うだけではなく，「どのように生きるのか」という大きな問いを投げかけ，いろいろなテーマ（視点）で，いろいろな意

見を混ぜ合わせ，対話する時間を計画的に取ることが，道徳教育の基本的なアプローチです。

近年，特別支援学校では，高等部を中心に知的障害の程度や希望する進路などをもとにコース別に時間割を組んだり，教育課程を類型化して学習する科目や時間割を分けているところが増えています。こうしたコース別・類型別に行われる指導の時間に，道徳的な対話を計画することは有効であると考えます。

参考までに，小学校において実践されている哲学対話教育のテーマのうち，軽度知的障害児にも取り上げて議論できそうなものを以下に紹介します。

- なぜ学校で勉強するのか？
- 子どもと大人の違いはなに？
- 「個性」（自分らしさ）とは何か？
- 頭が「良い」「悪い」の基準は？
- 仲良くなれる友達と仲良くなれない友達のちがいはなにか？
- 感情的になる（怒ったり泣いたりする）のはなぜだろう？
- なぜ犯罪をしてはいけないのか？

（哲学対話教育については，木村競「『学級力』の基盤形成としての哲学リテラシー育成プログラム　その１〜その４」を参照『茨城大学教育学部紀要（教育科学）』第62号【517-525頁】2013年／63号【373-380頁】2014年／64号【335-339頁】2015年／65号【415-424頁】2016年，に詳述されている内容を筆者が一部改編して掲載しました。）

これらのテーマは，答えを一つに収れんさせていくのではなく，それぞれの人がもつ異なる価値観を対話の中で受け止め，（教師も含めて）対話に参加した全ての人の価値観を変容させていくことをねらった「哲学対話教育」で用いられているものです。

特別支援学校での授業づくりという視点から考えると，さまざまな問題行動をおこす生徒に対して，「そうした行動をなぜとるのか，どうしたらそうした行動をしなくなるのか」といった指導に終始するのではなく，道徳の時

間に「なぜ犯罪はいけないのか」ということを教師も一緒になって対話する授業があってもよいと考えます。

なお、平成28年に出された中央教育審議会答申では、今後、「考え、議論する道徳」への転換を図ることが必要であると指摘されています（中教審答申，2016，p219）。知的障害特別支援学校でも、生徒指導上、困難を抱える軽度知的障害児に対してこうしたテーマを取り上げ、対話しながら、生徒と社会一般の価値のずれを意識させることはできると考えます。今後、特別支援教育において、特別の教科・道徳として、どのようなテーマで、どのような授業（哲学対話）を展開することができるか、実践開発を進めていくことが必要です。

2　外国語活動と国語との接点

> 外国語によるコミュニケーションにおける見方・考え方を働かせ、外国語や外国の文化に触れることを通して、コミュニケーションを図る素地となる資質・能力を育成することを目指す。
> 　　　　　　　　　　　　　　　（解説各教科等編，p529：一部省略）

(1)　コミュニケーションの基盤を育てる外国語

外国語活動については特別支援学校においても、いろいろな実践が蓄積されてきました。たとえば、外国人と交流をしたり、英語で話してみようといった授業はこれまでも行われてきました。

また、知的障害児の生活を見ても、好きな歌の歌詞や食べ物の名前に一部、英語が含まれているということは普通なことです。そのため、知的障害児も外国語を学ぶことは、生活を豊かにするという視点から考えると重要であるといえます。

そして、以上のような点をふまえると、外国語の学習には国語で育てる内

容と共通点が多くあります。そのため，特別支援学校の学習指導要領において，「小学部3学年以上の児童を対象とし，国語科の3段階の目標及び内容を学習する児童が学ぶことができるように」，外国語の目標及び内容が設定されました（解説各教科等編，p528）。

　もちろん，知的障害の程度や障害特性から英語を学ぶことに困難を伴うケースもあるでしょう。たとえば，細かい英語の聞き取りが難しく，相手に伝わるように英語を発音できない子どももいます。

　ただし，外国語の目標は，決して「外国語を話せるようになる」ということではありません。解説各教科等編においても，「語を機械的に暗記したり，冠詞を正しく付けることを強調したりするなど，単に知識のみを取り出して指導する」ような「細部にわたった」「形式的な」学習とならないように留意することが指摘されています（解説各教科等編，p541）。

(2)　自立活動の指導と関連させた外国語の学習

　外国語の学習は，「外国語や外国の文化に触れる」という視点をもつことが大切であると指摘されています。そのため，特別支援学校学習指導要領では，「外国語の歌や身近な語を聞いたり，ネイティブ・スピーカーと触れ合ったりする」などの実践が例示されていて，外国文化に触れることを中心とした指導内容とすることが必要であると指摘されています（解説各教科等編，p529）。具体的には，以下のような体験を通して外国の言葉に慣れ親しむことが例示されています（解説各教科等編，p532）。

(ア)　英語の歌や日常生活になじみのある語などを聞き，音声やリズムに親しむこと。
(イ)　外国の生活や行事などに触れ，日本と外国の生活や違いを知ること。

　具体的には，英語は「音声によるコミュニケーションだけでなく，ジェスチャーや表情などを手掛かりとすることで，相手の意図をより正確に理解し

たり，ジェスチャーや表情などを加えて話すことで，自分の思いをより正確に伝え」ることも指導できると指摘されています（解説各教科等編，p544）。

こうした点は特別支援教育で行われている指導の中では，自立活動のコミュニケーションに関する指導と重なるところがあります。

一方，外国語の学習は，日本語と異なる発音があることから，学習上の困難が生じることもあります。また，ALTに英語で話しかけられたり，英語をみんなの前で話したりするといった活動のときに，過度に緊張する生徒もいます。

このように，英語の学習においては，他の教科で見せる学習困難とは異なる様子が見られることもあります。そのため，自立活動（コミュニケーション）の指導と連動させて，障害による学習上の困難を取り除きながら外国語の学習を進めていくことが必要です。

以上の点に留意しながら，外国語の学習を進めていった先に「外国語によるコミュニケーションにおける見方・考え方」を身に付けることができると考えます。そして，言葉で表現することが楽しいといった気持ちや，他人に対して話そうとする気持ちを育てることができれば，日常生活や将来の社会生活の中に外国語が生きて働く基盤（学びに向かう力）となるでしょう。

外国語に関する実践も，道徳の実践と同様に，特別支援教育の分野では，その内容と方法が確立しているわけではありません。グローバルな時代に生きる子どもを育てるという観点からも，知的障害児に対する外国語教育の実践開発が待たれます。

Q ▶ 小学部1段階と中学部1段階はどのように違うのですか？

　今回の学習指導要領の改訂のポイントの一つに、知的障害児の中学部の各教科を二つの段階に分けて目標や内容を記載したことが挙げられます。これは、「知的機能の障害が、同一学年であっても、個人差が大きく、学力や学習状況も異なる」という理由から改訂されたものです（解説各教科等編、p23）。つまり、多様な実態の児童生徒に応じた教科指導が展開できることを意図して、このような改訂を行ったと考えられます。

　それでは、小学部と中学部で同じような発達段階の子どもの指導は、どのように区別していったらよいでしょうか。

　学習指導要領に記載されている各教科の目標や内容は、「児童生徒の知的機能の障害の状態と適応行動の困難性等を踏まえ」て構成されています。具体的には、「各段階の内容は、（中略）児童生徒の生活年齢を基盤とし、知的能力や適応能力及び概念的な能力等を考慮しながら段階毎に配列している」と述べられています（解説各教科等編、p24）。

　この点に着目すれば、小学部と中学部の大きな違いは「生活年齢」をどのくらい考慮できるかという点であると考えられます。

　たとえば、小学部と中学部の国語の目標を整理すると次のようになります。

小学部・1段階	中学部・1段階
ア　日常生活に必要な身近な言葉が分かり使うようになるとともに、いろいろな言葉や我が国の言語文化に触れることができるようにする。	ア　日常生活や社会生活に必要な国語の知識や技能を身に付けるとともに、我が国の言語文化に親しむことができるようにする。
イ　言葉をイメージしたり、言葉による関わりを受け止めたりする力を養	イ　順序立てて考える力や感じたり想像したりする力を養い、日常生活や

い，日常生活における人との関わりの中で伝え合い，自分の思いをもつことができるようにする。	社会生活における人との関わりの中で伝え合う力を高め，自分の思いや考えをもつことができるようにする。
ウ 言葉で表すことやそのよさを感じるとともに，言葉を使おうとする態度を養う。	ウ 言葉がもつよさに気付くとともに，図書に親しみ，国語で考えたり伝え合ったりしようとする態度を養う。

（解説各教科等編，p81およびpp259-260を筆者がまとめた。）

　すなわち，小学部1段階の国語では，日常生活の中で使う「身近な」言葉を取り上げる一方で，中学部の国語では「社会生活に必要な」という言葉が加わっています。また，中学部になると「図書に親しみ」などといった言葉も加わっています。

　これは，重度の知的障害児であっても，中学生になれば日常生活では使用しない言葉（たとえば，アイドルグループが歌っている歌詞など）に興味をもつ生徒がいて，社会生活を送るうえで取り上げるべき言葉や文化があるということを意味しています。

　また，中学部になると，本の好みなども明確になってきて，たとえ重度知的障害児であっても，自ら本を取り出し，読書をする生徒もいることなどから，「図書に親しむ」ことが目標に加えられていると考えます。

　このように，中学部の国語の授業づくりでは，社会とのつながりや生活の広がりを意識した授業づくりが求められているということです。そのため，中学部の生徒に対する国語では，「社会生活」や「文化的な側面」を考慮した教材を選定することが重要となります。

第4章 自立活動編

1 自立活動の授業がなぜ必要なのか？

> 障害のある幼児児童生徒は，その障害によって，各教科等において育まれる資質・能力の育成につまずきなどが生じやすい。そのため，（中略）自立活動の指導が各教科等において育まれる資質・能力を支える役割を担っている。
> （解説自立活動編，pp21-22：一部省略）

1 各教科等の資質・能力を支える自立活動

　自立活動は特別支援学校の学習指導要領に設定されている領域です。これは，特別支援教育を受けている児童生徒が対象となる教育実践であり，いわば特別支援教育の専門性がもっとも必要な分野であるともいえます。

　近年では，ICF（国際生活機能分類）の考え方が広く浸透しつつあることをふまえて，本人の有する障害や困難（個人因子）にばかり目を向けるのではなく，生活機能や環境因子にも着目するべきであることが指摘されています（解説自立活動編，p15）。

　また，「障害者差別解消法」が制定（平成25年6月）・施行（平成28年4月）されたことをうけて，教育現場においても「合理的配慮」を提供しなければならなくなりました。そうした時代においては，活動しにくい環境や状況にあることを認識したときに，本人がその困難さを表明することが必要となります。こうした力は，「困難を改善・克服する」ために「自己が活動しやすいように主体的に環境や状況を整える態度を養う」という自立活動のね

らいと合致します（解説自立活動編, p16参照）。

　近年, 自立活動は, 以上のような社会の変化に呼応する形で発展してきました。特に, 自閉症児に対する自立活動の必要性が認識されるようになったことから, 知的障害特別支援学校においても, 時間割に自立活動の時間を設けて授業を行うようになってきました。

　それでは, 具体的に, 知的障害児に自立活動が必要な理由について考えてみましょう。たとえば, 国語の授業を通して「言葉」の理解や表現力を伸ばそうとしたときに, 他者の意図理解が難しく, 会話がうまくできない自閉症児などは, 国語の「聞くこと・話すこと」の指導をはじめる前に, そもそも人に話しかけることができないということも考えられます。

　また, 発音・発語が苦手なダウン症児の中には,「話したいこと」はたくさんあるのに, 会話をしようとしても,「何を言っているのかが分からない」という状況になることが多くあります。こうしたときに, 優しい態度で丁寧

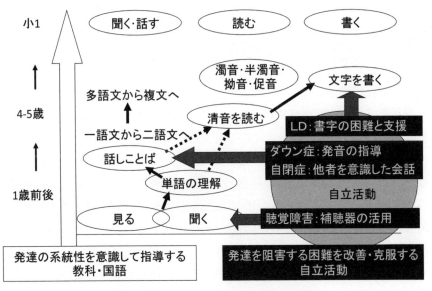

国語の系統性と自立活動の指導内容の関連性

に「聞き返す」ことは大切です。しかし，あまりに伝わらないと「もう話したくない」という気持ちになって，会話しようとしなくなってしまいます。こうした学習上の困難は，LDの子どもの書字に関することや，聴覚障害児の「聞くこと」そのものについても同様に考えられます。

以上のような困難をかかえる子どもは，国語を学ぶ基盤が十分ではなく，言葉の発達を促す指導をするときに大きな支障となります。こうした困難を「改善し，克服する」ことが自立活動です。つまり，発達を促していくための「各教科等」の指導をするための基盤となる能力等が，障害によってうまく機能していかない点にアプローチして，下支えする役割を担っているのが自立活動です（前頁図参照）。

2　各教科等において育まれる資質・能力を支える自立活動

自立活動の指導は，各教科等の時間や休み時間など，教育活動全体を通じて行うものと，時間割に「自立活動の時間」を設けて授業として行うもの（「時間における指導」）があります。基本的に特別支援学校や特別支援学級に在籍する児童生徒は，（程度の大小はあれども）ほとんどの子どもが「障害に基づく学習上，生活上の困難」を有していると考えられますので，知的障害のある児童生徒に対しても，意図的に継続的に，自立活動の指導をすることが必要です。

これまで，知的障害児教育では，領域・教科を合わせた指導である「生活単元学習」や「作業学習」を中心に教育課程が編成されてきたために，自立活動の時間は設けられていない時期が長く続いた歴史があります。論理的に考えると，自立活動は，教育課程上，一つの「領域」として位置付けられていますので，「領域・教科を合わせた指導」である「生活単元学習」や「作業学習」を行っていれば，自立活動という領域はその中に「含まれている」と考えることができます。

しかし，近年では，知的障害児や自閉症児に対しても自立活動の指導の必要性が指摘されるようになり，さまざまな学校で実践開発が進められてきま

した。新しい学習指導要領では，自立活動の必要性を以下のように指摘しています。

> 　障害のある幼児児童生徒の場合は，その障害によって，日常生活や学習場面において様々なつまずきや困難が生じることから，小・中学校等の幼児児童生徒と同じように心身の発達の段階等を考慮して教育するだけでは十分とは言えない。そこで，個々の障害による学習上又は生活上の困難を改善・克服するための指導が必要となる。　　　　　（解説自立活動編，p21）

　学習指導要領に位置付けられている自立活動は，特別支援教育を受けている全ての子どもの障害を想定しています。そのため，視覚障害，聴覚障害，肢体不自由，病弱など，特別支援教育の対象となっている子どものあらゆる障害に基づく困難を改善・克服することができるように区分や内容が考えられています。

　具体的には，自立活動はp141の表のような六つの区分（27項目）に整理して，指導の柱が示されています。なお，今回の学習指導要領では，以下の点がこれまでの学習指導要領から改訂されました（解説自立活動編，p18を筆者がまとめた）。

・「１健康の保持」の区分
　「(4)障害の特性の理解と生活環境の調整に関すること。」の項目を新設
・「４環境の把握」の区分
　「(2)感覚や認知の特性についての理解と対応に関すること。」に改訂
　「(4)感覚を総合的に活用した周囲の状況についての把握と状況に応じた行動に関すること。」に改訂

　これらの項目が新設・改訂された背景には，障害のある児童生徒本人が自己理解を深め，自己調整をはかったり，環境（社会）に対して適切に行動で

きるように指導することが求められるようになったことと関係しています。解説自立活動編では，この点について，合理的配慮と関連して言及されています（解説自立活動編，p16；本章2-3参照）。

自立活動の六つの区分・27項目

1 健康の保持	(1) 生活のリズムや生活習慣の形成に関すること。 (2) 病気の状態の理解と生活管理に関すること。 (3) 身体各部の状態の理解と養護に関すること。 (4) <u>障害の特性の理解と生活環境の調整に関すること。（新設）</u> (5) 健康状態の維持・改善に関すること。
2 心理的な安定	(1) 情緒の安定に関すること。 (2) 状況の理解と変化への対応に関すること。 (3) 障害による学習上又は生活上の困難を改善・克服する意欲に関すること。
3 人間関係の形成	(1) 他者とのかかわりの基礎に関すること。 (2) 他者の意図や感情の理解に関すること。 (3) 自己の理解と行動の調整に関すること。 (4) 集団への参加の基礎に関すること。
4 環境の把握	(1) 保有する感覚の活用に関すること。 (2) <u>感覚や認知の特性についての理解と対応に関すること。（改訂）</u> (3) 感覚の補助及び代行手段の活用に関すること。 (4) <u>感覚を総合的に活用した周囲の状況についての把握と状況に応じた行動に関すること。（改訂）</u> (5) 認知や行動の手掛かりとなる概念の形成に関すること。
5 身体の動き	(1) 姿勢と運動・動作の基本的技能に関すること。 (2) 姿勢保持と運動・動作の補助的手段の活用に関すること。 (3) 日常生活に必要な基本動作に関すること。 (4) 身体の移動能力に関すること。 (5) 作業に必要な動作と円滑な遂行に関すること。
6 コミュニケーション	(1) コミュニケーションの基礎的能力に関すること。 (2) 言語の受容と表出に関すること。 (3) 言語の形成と活用に関すること。 (4) コミュニケーション手段の選択と活用に関すること。 (5) 状況に応じたコミュニケーションに関すること。

（解説自立活動編，p51／p60／p67／pp72-73／pp83-84／p92：下線は筆者による。）

Question

 小学部から中学部・高等部へと学年が上がるにしたがって、自立活動の目標や内容をどのように変化させていくとよいのですか？

　自立活動は、教科指導のような「系統性」が示されているわけではありません。学習指導要領解説には「内容」が示されていますが、これは「『指導内容』の要素となるもの」（解説自立活動編、p25）であり、この内容をそのまま授業で教材にすればよいというわけではありません。

　もともと、自立活動を必要としている子どもは、多様な「障害による学習上、生活上の困難」を有しています。そのため、「自立活動の内容の示し方はある程度大綱的にならざるを得ない」と学習指導要領解説でも指摘されています。これは、自立活動を実践する教師が「個々の幼児児童生徒の実態を踏まえ、具体的な指導内容の設定を工夫する」ことが求められているという意味でもあります（解説自立活動編、p25）。

　以上の点をふまえると、自立活動に関しては、小学部から高等部までをあらかじめ見通した授業内容の「系統性」を考えるのではなく、一人の児童生徒がどのような内容の自立活動を受けてきたかという「学びの軌跡」をふまえることが大切です。このとき、一つの区分（たとえば、「人間関係の形成」）だけを系統的に指導しようとするのではなく、いろいろな区分をトータルに取り上げて、調和的に子どもの困難を改善・克服していくことが大切です。

　ただし、数年後の姿を想定して、自立活動の授業づくりを考えるという視点は必要だと思います。このとき想定する「数年後」がいつかという点（3年後なのか、5年後なのか等）については、個々に異なりますが、一人一人の将来の姿を思い描いて指導内容を考えることが必要です。

　いずれにしても、自立活動では、個々の子どもの障害に基づく学習上、生活上の困難から授業づくりがスタートするという点で、他の教科・領域別の指導とは異なります。学年が上がっていけば取り組むべき活動は変化していきますが、あくまでも子どもの実態から決定されるべきものだと考えます。

2 実態把握と指導課題を設定するプロセス

> 　自立活動の指導は，個々の幼児児童生徒が自立を目指し，障害による学習上又は生活上の困難を主体的に改善・克服しようとする取組を促す教育活動であり，個々の幼児児童生徒の障害の状態や特性及び心身の発達の段階等に即して指導を行うことが基本である。
>
> （解説自立活動編，pp23-24）

1　実態把握＝子どもの困難を総合的にみつめる

　自立活動は「障害による学習上，生活上の困難」に焦点を当てて行われる指導ですので，担当する子どもの障害の特徴を的確に捉えることはとても重要なことです。これは，障害の程度や特性を知ることができるアセスメント情報を有効に活用することが求められるということでもあります。

　しかし，ある一つの「発達検査」等をもとに，学校にいる全ての子どもの障害の特徴を把握しようとすることは，次のような理由から避けるべきだと考えます。

　たとえば，肢体不自由特別支援学校に通っている生徒を例に考えてみましょう。この学校に通っている子どもには，ほぼ全ての子どもに身体機能面で何らかの障害があるでしょうが，そのことをもって，自立活動が全て「身体の動き」に関する指導をしなければならないということではありません。

　具体的に，交通事故後に身体が思うように動かなくなった高校生が肢体不

自由特別支援学校に入学してきたとします。この生徒に対する自立活動は，身体機能を高める取組も必要かもしれませんが，それよりも前に，突然，自分の体が思うように動かなくなった気持ちに寄り添い，「心理的な安定」に関する自立活動が必要であるかもしれません。

このことは，知的障害特別支援学校においても同様です。たとえば，自閉症児が多い学校であるので，認知機能の状態が分かるアセスメントを全ての子どもに行おうと考えた学校があったとします。

学校の教師が受け持ちの子どもの発達の状況や認知発達の偏りなどを把握すること自体はとても重要なことです。そのため，子どもの入学時に，あるいは学校研究の一環として，こうしたアセスメント情報を組織的に集めることについては異論ありません。ただし，その結果をもって自立活動の指導課題を設定するというのはどうでしょうか。

すなわち，自閉症児の障害による学習上，生活上の困難は，たとえコミュニケーション障害が大きく関係しているとしても，そこから派生する「人間関係の形成」や「心理的な安定」に関する指導課題のほうが「優先順位が高い」課題であるケースもあります。もしかしたら，「動きのぎこちなさ（身体の動き）」や「感覚の入力（環境の把握）」にも取り上げるべき項目があるかもしれません。

このように，自立活動の指導課題は複数の区分を総合的に捉えて設定することが求められます。

2　指導課題の抽出と学習活動の創出

(1) 自立活動の指導課題を抽出する

それでは，具体的に子どもの実態から自立活動の課題を抽出し，教材を選定するプロセスについてみていきましょう。

子どもと学校で生活をともにしている教師であれば，子どもが抱える「学習上，生活上の困難」はありますか？　と聞かれれば，いくつか挙げることはできるでしょう。しかし，日常生活や学習場面で見られる困難を，自立活

動の指導課題として抽出するべく，困難が生じている背景要因を考えてみてくださいと言われると，「難しい」と感じる教師が多いのではないでしょうか。

　自立活動では，子どもが学習場面あるいは日常生活において示している困難を取り上げるところからはじまりますが，自立活動の授業でその困難を改善するためには，困難が生じている背景や要因を分析し，指導課題を抽出することが重要になります。それは，そうした分析がしっかりできていないと，表面化している困難に対して一つずつ改善を試みるといった「対症療法的」な指導になってしまうからです。

　自立活動の時間がこのような対症療法的な指導とならないようにするためには，「障害特性」を十分に考慮し，自立活動の区分に沿って指導課題を抽出することが教師に求められます。ただし，さまざまな困難を抱える子どもは，対応する自立活動の区分が一つであるとは限りません。そのため，自立活動の指導課題を導くための実態把握は，一つのアセスメントに頼るのではなく，むしろ自立活動の六つの区分を総合的にみていくことが大切です。

　また，新しい学習指導要領解説では，実態把握の中に「〇〇年後の姿」が含まれるようになりました。これは，今後の自立活動の授業づくりは，単に障害特性をふまえた学習困難への対応という視点のみならず，将来の姿を想定して指導課題を考えることが必要になるということを意味しています。

　具体的な授業づくりのプロセスをみていきましょう。ここでは，学習指導要領解説で取り上げられている高機能自閉症児の例を用いて指導課題が抽出されるまでの過程をみていきたいと思います（解説自立活動編，p164）。

　この生徒は，「相手を傷つけるようなことを言ってしまう」ことや，「相手を傷つけているということが理解できない」という課題があると記載されています。また，「相手の状況や心情を，表情や態度も含めて総合的に判断する」ことができないという点や，環境の把握においても「全体より部分を優先する」と記述されています（解説自立活動編，p165）。こうした特徴は，自閉症児の障害特性として考えられるものです。すなわち，これらの情報を

総合すると，困難が生じている背景に「他者の意図理解の困難」や「シングル・フォーカスでものごとを捉えてしまうこと」など，自閉症児の特性により生じている困難であると考えられます。

　続いて，これらの困難を改善・克服するべく，自立活動の区分にあてはめて対応しようとすると，「(3)人間関係の形成（言葉や文字情報に依存して判断する）」や「(4)環境の把握（部分を細かく捉える傾向がある）」が関連していると解説自立活動編では整理されています。

　加えて，こうした特徴のある自閉症児は，高学年になると自己肯定感や自信がなくなり，心理的にサポートが必要になることなども，さまざまなところで指摘されています。こうした点を自立活動で対応しようとすると，「(2)心理的な安定」も該当します。具体的には，友達とうまく関われていないことを自覚していて，「同年代の友達との関わりに自信を無くし，消極的になってきている」という記述があります（解説自立活動編，p165）。

　このように，子どもの実態を総合的に捉えて，解説自立活動編では，こうした生徒の指導課題を「さまざまな情報を統合して，状況や心情を推測すること（人間関係の形成／コミュニケーション）」や「人と関わろうとする意欲（心理的な安定）」というように設定しています。

　以上のようなプロセスで整理していくと，自立活動の指導課題が明確になります。もちろん，こうした指導課題を抽出するプロセスは，知的障害や自閉症に限らず，どのような障害の子どもでも基本的に同じです。解説自立活動編では，こうした手続きを表にして示していますが，今回のケースの情報を整理すると次頁の表のようになります。

①学習や生活の中からの情報収集	相手を傷つけるようなことを言ってしまったということが理解できない……（後略）。	
②—1・②—2 これまでの学習状況や生活の中での困難と関連させ，自立活動の区分にあてはめる	(3) 人間関係の形成 言葉や文字情報に依存して判断する。 (4) 環境の把握 部分を細かく捉える傾向がある。	➡ (2) 心理的な安定 友達とうまく関われていないことを自覚していて，不安が強くなっている。
②—3 〇〇年後の姿から指導課題を考える	・高等学校に進学するまでに，苦手なことや不安なことを相談する力を育てたい。	・今後，思春期を迎えるにあたり，対人関係が大きな課題となることに不安を感じている。
③課題を抽出する	・多くの情報を統合し，状況や心情を推測することが難しい。（人）（コ）	・人と関わる自信と意欲の低下が見られる。（心）

（右欄の具体例は解説自立活動編に例示されている内容を筆者が抽出してあてはめたものです。解説自立活動編，p164を抜粋。）

(2) 抽出した課題から指導目標・内容を考える

　以上のように指導課題を抽出することができたら，次にどのような授業を展開するとよいかを考えます。たとえば，上記の表で整理した高機能自閉症児の指導課題（「さまざまな情報を統合して，状況や心情を推測すること」や「人と関わろうとする意欲」）について考えたとき，これらを「改善・克服」しようとしたら，年間を通して指導することが必要です。もしかしたら，数年間かけて取り組むべき大きな課題であるとも考えられます。

　言い換えると，これら二つの指導課題はかなり大きく括られたものだといえます。そのため，実際の授業のときには，どこに中心的な課題を設定するかを明確にした上で，ある単元（ある一時期）の中で具体的で到達可能な目

標や内容を設定して，学習指導案を立案することが必要でしょう。

たとえば，先に例示した高機能自閉症児のケースでは，次のように整理できます。

③抽出された課題	多くの情報を統合し，状況や心情を推測することが難しい。（人）（コ）	人と関わる自信と意欲の低下が見られる。（心）
④中心課題	暗黙の了解として社会的に通用していることが分からない場合は，丁寧に説明するとともに，自ら分からないことを質問したり，助けを求めたりする力も併せて育てる。（人）（コ）	人と関わることへの自信や意欲を育てる。（心）
⑤指導目標〜⑧指導内容	【目標】人と関わるために必要なコミュニケーションができる。［(人)(2)と(コ)(5)］ 【内容】気持ちや状況を整理しながら言語化したり，誘う，断る，励ます，説明する，質問する方法を学ぶ。	【目標】安心できる環境で活動することができる。［(心)(1)］ 【内容】安心できる人と話し合ったり協力したりしながら課題に取り組む。

（解説自立活動編，p166を抜粋し，筆者がまとめた。）

この表から，「多くの情報を統合し，状況や心情を推測することが難しい」という課題に対しては，「暗黙の了解について丁寧に説明する」とともに，「自ら分からないことを質問したり，助けを求めたりする力」を育てるという目標を立てたことが分かります。

そして，この目標を受けて，授業の中で取り上げる具体的な指導内容として，「気持ちや状況を整理しながら言語化したり，誘う，断る，励ます，説明する，質問する方法を学ぶ」ことを指導内容として導き出しています（解説自立活動編，p166）。

なお，新しい解説自立活動編では，⑤から⑧までのステップを以下のように細かく分けて例示しています。

「⑤　④に基づき設定した指導目標を記す段階」
「⑥　⑤を達成するために必要な項目を選定する段階」
「⑦　項目と項目を関連付ける際のポイント」
「⑧　具体的な指導内容を設定する段階」

　本書では，上記の⑤～⑧のプロセスについては，授業の「目標」と「内容」という形で簡略化してまとめています。しかし，複数の区分がさまざまに重なっているケースについては，学習指導要領解説に例示されているこのプロセスを一つずつふんで検討することが必要なこともあるでしょう。

　最後に，当然のことかもしれませんが，自立活動においても，単元（一定期間の指導）が終了したときに，指導目標がどのくらい達成できたのかを評価することが必要です。

　授業における「評価」とは，「目標」の裏返しのようなものですので，単元が一定の区切りをむかえたときは，設定した目標に対して，子どもがどのように変化したのかという点を「評価」しなければなりません。この点については本書では第1章3で詳しく解説していますが，自立活動でも評価の考え方や評価の仕方については基本的に同じです。

3　小グループで取り組む自立活動の実践

　これまでみてきた通り，自立活動は，あくまでも，個々の子どもの困難からスタートして指導課題や単元の目標・内容を設定することが原則です。そのため，個々の学習上，生活上の困難を改善・克服するために授業が展開されなければなりません。

　しかし，だからといって，教師と子どもの一対一の個別指導を展開できるようにしなければならないというわけではありません。

　自立活動は，「学習上，生活上の困難」を取り上げることになるので，取り組む活動も子どもにとっては苦手なことが多くなります。こうした理由から，むしろ，個別指導よりも，みんなで楽しく学習できる集団をつくったほうが子どもたちは意欲的に授業に参加すると考えます。

このとき，自立活動を集団で行おうとすると，指導上の工夫が必要になります。それは，何人かの集団で自立活動の指導をする場合には，別々の指導課題をもった子どもが一つのクラスに集まるからです。こうしたことから，自立活動の授業づくりでは，複数の指導課題を包括できる「教材」を探す必要があります。そのため，苦手意識を強めてしまうことのないように，訓練的にならずに，みんなでワイワイと楽しめる遊び（ゲーム・製作活動など）を教材にしていくことがポイントになります。

　たとえば，先に例示した高機能自閉症の児童（A）に加えて，以下のような「環境の把握」と「身体の動き」に困難のある生徒（B・C）が一つのグループで自立活動の授業づくりを考えてみたいと思います。

	自立活動の区分	児童の実態
児童A	6　コミュニケーション 　(5)　状況に応じたコミュニケーションに関すること。	【自閉症児】多くの情報を統合し，状況や心情を推測することが難しい。 （本書pp147-148の事例参照）
児童B	4　環境の把握 　(4)　感覚を総合的に活用した周囲の状況についての把握と状況に応じた行動に関すること。	【知的障害児】言葉で会話をすることはできるが，自分の身体に対する意識や概念が十分に育っていないため，ものや人にぶつかったり，簡単な動作をまねすることが難しかったりする。
児童C	5　身体の動き 　(5)　作業に必要な動作と円滑な遂行に関すること。	【知的障害児】細かい手先を使った作業の遂行が難しかったり，その持続が難しかったりすることがある。このような要因としては，自分の身体の各部位への意識が十分に高まっていないことなどが考えられる。

（児童B・児童Cの実態は解説自立活動編，p79とp91を参考にして，筆者が架空の事例を作ったものです。）

　これら3人が「みんな」で「楽しく」取り組める教材を考えるとしたら，

どのようなものがあるでしょうか。

　筆者は，ある知的障害特別支援学校で，小学部の子どもたちに，「探検に行こう」という単元名で，教室の中にいろいろな障害物を用意して，グループのメンバーで宝を探しに行くという自立活動の授業を参観したことがあります。具体的には，ゴムのひもを目の高さのあたりに張って，その下をくぐったり，跳び箱を山に見立てて，それを乗り越えたりして，その先にある宝物を取りに行くというストーリーの授業でした。

　こうした授業を参考にして，上記のような指導課題をもつ3人の子どもの自立活動の授業を考えるとしたら，次のようになります（次頁の図参照）。

　すなわち，児童Aに対しては，自分ではできないときに「ヘルプコール」を出せるように指導したり，友達と一緒に乗り越えていくような障害物を作って，「他者の動きに合わせて自分も進んでいくこと（状況に応じたコミュニケーション）」などを指導することができます。

　また，児童Bには「自分の身体がどこにあるのかを意識しながら，障害物を超えていく（身体を動かしながら環境を把握する）」という課題を中心的な課題として設定できます。

　一方で，「探検に行こう」という教材では，児童Cの中心的な課題がすぐに思いつかなかったとします。こうしたときは，「探検に行こう」という活動の流れを崩さずに，生徒Cの課題に対応できる場面を用意できないかということを検討するとよいでしょう。そこで，生徒Cに対しては，一つ一つの障害物をクリアしたら，宝箱を開けていくという設定にしてみました。

　たとえば，手首をひねる／指でつまむなど，いろいろな微細運動が必要な鍵を使って宝箱を開けるといった活動を加えれば，生徒Cの中心課題を「探検に行こう」という授業づくりの中に加えることができます。

　このような設定（教材）であれば，複数の異なる課題をもつグループでも，みんなで楽しく活動する自立活動の授業を展開することができると考えます。

　なお，上記の授業例は3人の子どものそれぞれの指導課題を一つの教材の中で対応していくというものでしたが，仮に集団が5人になっても，10人に

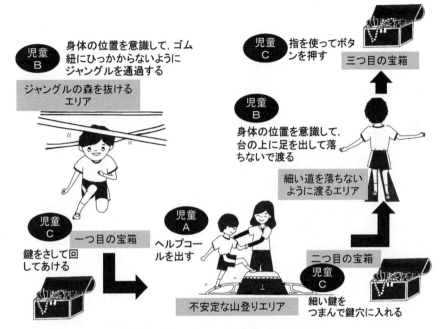

「探検に行こう」のエリア図と指導ポイント

なっても，考え方は同じです。

　自立活動は個々の課題に向き合わせる指導ですので，集団で指導するといっても，せいぜい5人程度の小集団での指導がよいと筆者は考えていますが，原理的には何人でも同じです。グループにいるそれぞれの子どもの自立活動に関する中心的課題を「探検に行こう」という活動の中に組み込んでいけばよいのです。

　また，上記に例示した3人の指導課題（コミュニケーション／環境の把握／身体の動き）は，一人の知的障害児に混在しているということもあります。「知的障害は中枢神経系に何らかの障害がある」と考えれば，上記の三つの区分が一人の子どもに混在していることがあるということも決して不思議なことではありません。

　以上のように，児童生徒の実態から指導課題を導き，それを自立活動の区

分に照らし合わせながら，指導目標と内容を整理したうえで，教材を選定し，学習活動の中に指導課題を埋め込んでいくことが自立活動の授業づくりです。

　ただし，学習指導要領解説では，その説明の中心は指導課題を導き出すプロセスについてですので，具体的な教材や，授業展開の例が掲載されているわけではありません。

　そのため，解説の中にある対応の例示をヒントにしながら，み・ん・な・で・・楽・し・く・活動できる自立活動の学習を進めていく方法については，教師自身が考えなくてはなりません。これは，授業づくりについては教師のアイデアが必要であり，教材開発と授業展開に関する専門性を発揮していくことが求められるということだと考えます。

3 自立活動の内容と授業づくり

　知的障害特別支援学校の自立活動は，そこに在籍している子どもの障害の特性をふまえると，自立活動の六つの区分のうち，「心理的な安定」「人間関係の形成」「コミュニケーション」に関する指導課題を設定することが多いと考えられます。そこで本節では，これらの区分を取り上げ，知的障害児に対する自立活動の具体的な指導についてみていきたいと思います。

　まず，知的障害児に対して「心理的な安定」「人間関係の形成」「コミュニケーション」に関する指導を行う場合は，これら三つの区分は重なり合っている点が多くあるということを意識する必要があります。

　たとえば，人間関係を形成しようと思ったら，心理的に安定していることが前提となるでしょうし，コミュニケーション力を育てようと思ったら，人とある程度，関係を築く力が必要となります。一方で，人に言葉で伝えられるようになってくると，自信がついて心理的に安定し，人への興味も出てきて，人間関係が発展するということもあります。

　このように，自立活動では，子どもの障害や困難を「一つの区分」にあてはめて授業を展開しようとするのではなく，他の区分と関連させながら実践することが大切です。そのため，次頁以降，ある区分を特徴的に表す授業例を取り上げて解説しますが，その授業は他の区分でも応用して実践することは可能だと考えます。

　なお，新しい学習指導要領では「健康の保持」に新しい項目が新設されましたので（本書p139参照），知的障害特別支援学校でこうした新設項目を授業で取り上げるときの留意点についても，最後に指摘しました。

1 「心理的な安定」を意図した身体的アプローチ

> 「2心理的な安定」では，自分の気持ちや情緒をコントロールして変化する状況に適切に対応するとともに，障害による学習上又は生活上の困難を主体的に改善・克服する意欲の向上を図り，自己のよさに気付く観点から内容を示している。　　　　　　　　　　　　　　　（解説自立活動編，p60）

　自立活動の課題を設定し，指導内容を検討するにあたって，まず，以下のようなケースを取り上げて，子どもの実態と指導課題を整理することから始めてみましょう。

　たとえば，児童Aは「落ち着いて行動したり，簡単な意思を相手に伝えることが難しい」ことから，「いつもと違う状況の中で感情をコントロールすることが難し」く，パニックなどの行動上の困難を頻発している子どもでした（小学部2年生・自閉症・男児；次頁の図参照）。

　教師は，この児童Aにみられるこれらの困難は互いに関連していると考え，「他者との安定した関係を築くこと」を目標にかかげ，その中でも，「まず，クラスの大人と関係をつくる」ことを中心的な指導課題にしました。

　それでは，こうした指導課題が設定された自閉症児に対して，どのようなアプローチが考えられるでしょうか？

　解説自立活動編では，自閉症のある幼児児童生徒に対するアプローチとして，「自分を落ち着かせることができる場所に移動して，慣れた別の活動に取り組む」など，環境を整える方法が紹介されています。また，「興奮を静める方法を知ること」や「感情を表した絵カードやメモなどを用いて自分の気持ちを伝える」など，感情を自己コントロールする方法を学ぶための指導をすることも紹介されています（解説自立活動編，p61）。

　一方，不安や集団参加が難しくなる要因として，「睡眠，生活のリズム，体調，天気，家庭生活，人間関係」などの身体的側面や環境的側面に目を向け

```
②-1 収集した情報（①）を自立活動の区分に即して整理する

【心理的な安定】            【コミュニケーション】        【人間関係の形成】
自分の思い通りにならな    表情などをみれば，YES      特定の先生に対して甘
いと怒り，物を投げたり，    か No の意思表示がで        える行動をとるが，たく
大声で泣く（言葉で表現    きるが，言葉で表現す        さんの人が出入りする
できないので，感情の起    ることは難しい。6-(1)         状況は苦手。3-(1)
伏が激しい）2-(1)

②-2 学校での様子                    ②-3 数年後の目指す姿
パニックを起こす回数は減ってきたが，   多少の予定の変更を受け入れたり，違
見通しがもてなくなると不安定になる     う場所での学習にも落ち着いて取り組
                                    めるようになってほしい
③ 課題を抽出する
落ち着いて行動したり，簡単な意思を相手に   ④ 課題間の関連性を考え，中心的な
伝えることが難しい（心，人，コ）            課題を導き出す
いつもと違う状況のなかで感情をコントロ ──→ 他者との安定した関係を築くことを目指す
ールすることが難しい（心，環）            （まずはクラスの大人との関係づくり）

                              ↓
                    どのようなアプローチができるか？
```

「心理的安定」を必要とする児童の中心的な課題

ることも必要であるという点も指摘されています（解説自立活動編，p61）。

このうち，「睡眠，生活リズム，体調」といった身体的側面は，その全てを学校でコントロールすることは難しく，家庭と連携しながら進めていくことが必要でしょう。

自立活動の授業づくりでは，以上のように個々の子どもの学習上，生活上の困難をふまえて，実践可能なアプローチをいくつか考えます。その上で，「時間における指導」で実践すると効果的なものを選び，学習指導案を考えるという過程で授業を設計していきます。

解説自立活動編に書かれている内容は，個々の特性をふまえて指導課題を導くまでのプロセスが中心ですので，必ずしもどのような授業を展開すれば「心理的な安定」につながるかという点について詳しく解説されているわけではありません。

筆者がいくつかの特別支援学校で自立活動の研究授業に参加した経験では，

ここで取り上げた自閉症児（児童A）のような子どもに対しては，ゲームなどの盛り上がってしまう活動を用意するのではなく，「落ち着いていられる時間」を演出するような活動が多く取り入れられていました。

　たとえば，「確実にできる課題（たとえば，教師と一緒に机をもって移動し，床を広く使えるように場を設定するなど）」を少しだけやったら，あとは「本人の好きな活動（たとえば，床に座って教師と一緒に好きな図鑑をみるなど）」を行うなどです。また，床にマットをしいて，そこに寝そべり，先生と一緒にストレッチをして心身の安定を図るといった取組も考えられます。

　こうした「落ち着いて過ごせる時間」を保障していくと，心理的に不安定な子どもにとっては，学校や教室が「心地よい時間と場所」だと思えるようになってきます。そうすると，日常生活で情緒的に混乱したときに，「図鑑が見たい！」と教師に訴えたり，マットを出してきて，「マッサージをしてほしい」と要求してくるようになります。この区分の指導は，こうした「心理的な拠りどころ」をつくっていくことが重要です。

　実際には，上記のような課題を抱えた子どもが数名いるグループで授業をするということも考えられます。そうした場合には，順番に好きな活動をやっていくといった進め方をすることもあります。もちろん，心理的に不安定になりやすい子どもが多くいるときは，ある程度，手厚い指導体制が必要になりますが，必ずしも一対一の指導体制を確保しなければ自立活動の授業ができないというわけではありません。

　また，児童Aのような子どもに対しては，子どもの状態が少し落ち着いてきたらすぐに「コミュニケーション」の区分の指導へ，というように課題を急いで発展させないほうがよいことも多いと思われます。もちろん，ある程度，安定した時間を過ごすことができるようになったあと，好きな活動をいくつか提示して，「どちらからやりたい？」などと選ばせて，気持ちを他者（信頼できる大人）に伝える指導に進んでいく，ということができるとよいでしょう。

2 人間関係の形成＝心理的な安全基地を築く指導

> 他者とのかかわりをもとうとするが，その方法が十分に身に付いていない自閉症のある幼児児童生徒の場合，身近な教師とのかかわりから，少しずつ，教師との安定した関係を形成することが大切である。そして，やりとりの方法を大きく変えずに繰り返し指導するなどして，そのやりとりの方法が定着するようにし，相互にかかわり合う素地を作ることが重要である。
>
> (解説自立活動編，p68)

　前節の「心理的な安定」の区分で取り上げた自閉症の児童Aが，ある程度，落ち着いて学習できるようになったら，自立活動の時間で「人間関係の形成」のうち「3-(1)　他者とのかかわりの基礎に関すること。」を取り上げることが必要だと考えられます。

　解説自立活動編でも，安心できる他者（教師）を見つけ，その人を基盤にして活動を広げていくことが重要であると指摘されています。そこで，まず，「安心できる人を基盤にして活動を広げていくこと」をねらった自立活動の「時間における指導」を考えてみたいと思います。

　この実践は，少し学術的な言い方をすれば，「アタッチメント」を形成するプロセスを自立活動の時間に創り出すというものです。人は，生後からずっと人との「関係（網の目）」の中で生活し，一定の期間を過ごしたころから，「この人は自分のお世話をしてくれる人」ということが分かるようになってきます。アタッチメント理論では，こうした「安心できる人」を認識するようになると，その人を「（心理的な）安全基地」として内面に位置付け，恐怖や不安の気持ち（一種のアラート信号＝危機意識）を低め，活動を広げていくことが可能になると考えられています（数井みゆき・遠藤利彦編著『アタッチメントと臨床領域』ミネルヴァ書房，2007．参照）。

　自立活動で「心理的な安定」が指導課題となる子どもは，こうした安全基

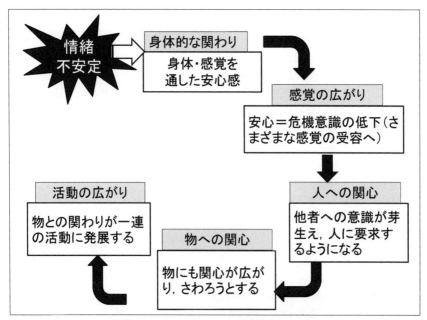

情緒不安定な子どもへの指導のプロセス

地が形成されていない子どもが多く,「人間関係の形成」の初期の課題(「3－(1)他者とのかかわりの基礎に関すること。」：解説自立活動編, p67)と重なるところが多くなります。

　以上のような考え方をもとにすると,児童Aのような子どもが他者との人間関係を形成していくためには,安心できる場(空間)をつくり,そこで「身体」をリラックスさせ,他者(大人)が子どもとの距離をはかりながら心地よく働きかける,といった活動が必要です。具体的には,じゃれあうような遊びに代表される,乳児と養育者が身体を介して心地よく関わる活動を「自立活動の時間」に行うことが有効であると考えます(詳しくは,新井英靖監修・佐藤まゆみ著『1から始める自立活動　コミュニケーション力を育てる授業づくり』明治図書, 2014. を参照)。次頁に,具体的な実践例として,「人間関係の形成」を意図した自立活動の指導計画とその解説を掲載しました。

自立活動（人間関係の形成）の指導シート

児童の実態 （児童A）	自分の思いを周りの人や友達に自分から伝えることは少ないが，問いかけに対し，身振りや表情で自分の思いを伝えることができる。また，慣れた環境であれば，活動に見通しをもち，教師の話を聞いて活動したり，進んで活動に参加したりすることができる。しかし，活動に見通しがもてなかったり，初めての場所では，不安な表情を見せたり周りの様子を見たりしていることが多い。
数年後の目指す姿	保護者は数年のうちに，コミュニケーション能力が向上してほしいと願っている。
自立活動の区分	3　人間関係の形成 (1)　他者とのかかわりの基礎に関すること。

指導目標	【安心する】安心できる空間で，身体を支えられたり触れられたりすることで，教師とスキンシップをとることができる。 【自信をもつ】楽しい雰囲気の中で，「できる」活動を繰り返すことで自信をもつことができる。 【関係性を発展させる】児童自身が心地よさを感じる活動を通して，小集団の中で一緒に活動をしたり，相手とやりとりをしたりすることができる。
	学習活動－身体ムーブメント

ロッキング 【保つ/関心をもつ】 【共有する】	相手を意識しながら，教師に身を任せることができる。	
おしりすべり 【共有する】 【身体認識】	教師の動きを意識して，活動することができる。	
ジャンプ 【保つ/関心をもつ】 【共有する】	相手の動きに合わせて膝を曲げ，ジャンプすることができる。	
おふねこぎ 【共有する】 【対立する動き】	顔を合わせながら，相手の動きを意識することができる。	
ロッキング	同上	

■ **解説** ■

　人間関係を形成する基本は身体です。特に，小学部の子どもには，安心する相手に身体をゆだねられるようになるということが人間関係の形成の基本であると考え，茨城大学教育学部附属特別支援学校では，自立活動で身体を使ったムーブメントを取り入れています。

　前頁で取り上げた児童は，「他者とのかかわりの基礎」を育てるために，自立活動の時間に教師を中心に身体を使って触れあう活動に取り組みました。この児童は，自立活動を始めたころは，教師が誘っても離れたところから友達の様子を見ている状況が続き，なかなか活動に参加しようとはしませんでした。

　何度か自立活動の時間を過ごすうちに，どこで何をするのかなど活動内容が分かったこと，また教師との関係性が深まったことをきっかけに，教師の誘いにも応じるようになってきました。慣れてくると，学習の流れを理解し，自分から活動の準備を整え，教師の手をとり活動に取り組むことができるようになりました。具体的には，「ロッキング」の場面で，教師に身を任せ，気持ちよさそうな表情を浮かべたり，好きな「ジャンプ」の場面では，教師の手を引いて何度も一緒にやりたいと伝えたりするようになりました。

　そして，自立活動でこうした取組を続けているうちに，日常生活の中でも，自分から教師に抱き付いたり身体をゆだねたりするなど，だんだんと人（主としていつも一緒にいる教師）に対して安心感をもって接することができるようになってきました。

　また，自立活動以外の授業の中で，教師に対して「やって」とか，「貸して」など，その場面にあった思いを伝えてくるようになり，一部，そうした気持ちを言葉で伝えることができるようになってきました。最近では，登校時に，教師と目が合うと，自分から「おはよう」と挨拶をするようにもなり，安定して学習に取り組めることが多くなりました。（橘　乃布衣・菊池　雅子）

3 コミュニケーション＝他者と協働する力の基礎を育てる

> 幼児児童生徒の障害の種類や程度，興味・関心等に応じて，表情や身振り，各種の機器などを用いて意思のやりとりが行えるようにするなど，コミュニケーションに必要な基礎的な能力を身に付ける。
>
> （解説自立活動編，p92：一部省略）

前節までは，発語が少ない比較的重度の自閉症児（児童A）を想定していましたが，ここでは「会話ができる」が，「会話の内容や周囲の状況を読みとることが難し」く，「状況にそぐわない受け答えをしてしまう」子ども（児童B）を想定して，「コミュニケーション」に関する自立活動の授業づくりを考えてみましょう。

児童Bは，言葉による会話ができるので，周囲の人からは「分かっている」と思われてしまうことが多くあります。しかし，本当のところはよく分かっていないことも多く，本人は「どうして分かってくれないのか？」と，悩んでいることもあります。こうしたことから，児童Bは認識能力が比較的高いにも関わらず，心理的に不安定になりやすかったり，時に感情をコントロールできなくなることもありました。

こうした児童Bに対しては，「他者と適切な会話ができるようにする」という指導課題だけでなく，「安心して話せる人をもつ」といった「心理的な安定」や「人間関係の形成」についても取り上げることが必要です。

その一方で，自立活動として「状況に応じたコミュニケーション」の指導を行うことも必要でしょう。これは，「語彙を増やす」とか「正しい文章で伝える」といった国語で行う指導とは異なる指導です。また，実際の場面で適切に伝えることを目標にする「生活単元学習」や「作業学習」におけるコミュニケーションの指導とも異なるものです（次頁の図参照）。

すなわち，国語や生活単元学習・作業学習では言語発達を促し，社会生活

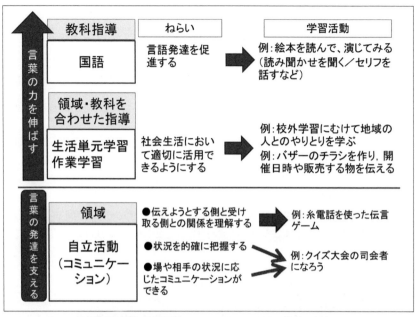

言葉の指導と自立活動のコミュニケーション指導の関係

において適切に活用できるように指導することが目標となりますが，自立活動は，そうした発達を支える基盤を築くことが目標になります。

　具体的には，自立活動の授業では，言葉の発達そのものを促していく指導を展開するのではなく，言葉を使ったコミュニケーションを円滑に行えるようにするための基盤として，「人に気持ちを伝えるとはどういうことか？」という点を理解する学習をしたり，「状況に応じて言葉を使えるようにする」といったねらいで授業を展開することが求められます。

　以上の点をふまえた実践例として，状況に応じたコミュニケーションを指導する自立活動の学習指導案を次頁に掲載しました。

自立活動(コミュニケーション)の指導シート

児童の実態 (児童B)	簡単な状況・場面であれば自分のやりたいことなどを伝えることができるが,自分の考えややりたいこと,やってもらいたいことを,状況に応じて自分から他者に伝えることが難しい。また,どうしてよいか分からなくなると,活動が止まってしまうこともある。 一方で,自分の興味・関心の高い事柄については,最後まで活動に取り組むことができる。 自分の思いや考えをうまく伝えることができないときなどには,気持ちが不安定になり,気持ちを切り替えることが難しい。
数年後の目指す姿	自分の気持ちや考えを自分から相手に伝え,相手と一緒に活動に取り組むことができるようになってほしい。
自立活動の区分	「3 人間関係の形成」(1)他者とのかかわりの基礎に関すること。 「6 コミュニケーション」(1)コミュニケーションの基礎的能力に関すること。

指導目標	・自分の思いを伝えて活動することができる。 ・やりとりを通じて,相手と一緒に最後まで活動に取り組むことができる。
学習活動-社会的状況学習	
授業の流れ 1 活動内容を確認する。 2 教師と一緒に行う活動を選ぶ。 風船/しりとり/すごろく/シャボン玉/風船バレー/絵かき/サッカーなどから選ぶ 3 一緒に活動する。 　数人の子どもで選択したゲーム(遊び)を行う。 4 振り返りをする。	◆自分の思いを伝える 授業の最初に,いくつかの活動をイラストで提示し,やりたいことを伝えやすくした。 ◆教師とのやりとり 【風船で遊ぶ】 ○風船を使って遊ぶ活動。黙って風船を取ろうとしたときなどに,「どの風船が欲しいですか?」などと尋ね,コミュニケーションはかる。 【しりとり遊びをする】 ○しりとりのルール(相手の言った言葉の最後の文字から続けることや,「ん」で終わってはいけないこと)を確認し,数人の子どもでしりとり遊びを楽しむ。相手を意識して,しりとり遊びをしながら言葉のコミュニケーションを楽しむことを課題とした。

■ 解説 ■

　この児童は，認識能力はそれなりにあるが，自分の思いを他者に伝えることや，他者と一緒に活動に取り組むといった「コミュニケーション」が課題となっていました。そこで，自立活動の時間には，相手を意識しなければ成立しない遊びを中心に取り上げ，指導することにしました。茨城大学教育学部附属特別支援学校では，こうした学習を「社会的状況学習」と呼んで実践しています。

　具体的には，この児童に対しては「風船で遊ぶ」「しりとり遊びをする」などに取り組んできました（実際の授業では，児童Bを含んだ3名）。このとき，自立活動の授業では，「遊ぶ」ことから始めるのではなく，「やりたいこと」を相手に伝えることを指導しました。

　児童Bは，この授業を始めた頃は，すぐに次の活動に移りたいと伝えたり，早く終わりにしたいと話したりしていました。しかし，そうした中で，次にどのようなことがしたいのかを一つ一つ聞き，一緒にやりとりしながら活動を進めていくと，自分の思いを理解してもらえることが分かるようになってきました。すると，「風船に絵を描きたい」や「ミッキーを描いてください」などと一つの活動の中でもさまざまな思いを相手に伝えることができるようになってきました。

　また，風船を使って活動したいことを伝えてきたときには，色，大きさの異なる風船を提示して，「どの風船がほしいですか」と尋ねる場面を意図的につくりました。すると，ほしい色があるときは，「赤をください」と伝えるようになったり，自分で風船を膨らますことができないときには，「風船を膨らませてください」と伝えたりしてくるようになりました。

　しりとり遊びでは，最初は3〜4回やりとりをすると興味が薄れ，座席から離れてしまい，教室内の自分の興味のあるものを見て回っていました。しかし，興味のある言葉をしりとりの中で使い始めると，少しずつ言葉のやりとりが続くようになってきました。その後，ある程度，言葉のやりとりが続

くようになり，教師がわざと語尾の言葉と違う文字から始めたりしたときには，「違う！」と指摘してきました。また，しりとりの言葉が「ん」で終わったりしたときにも，「だめー！」と教師に伝えるようになり，コミュニケーションを図りながらだいぶ遊べるようになってきました。

　自立活動でこうした姿が見えてくると，日常生活においてもコミュニケーション面で変化が見られるようになってきました。たとえば，やりたいことやほしい物があるときには，「事前に伝えてね」とその都度，指導してきましたが，これが定着してきて，最近では，使いたいものを借りたいと伝えてきたり，「黒板に絵を描いてください」とお願いをしたりすることができるようになってきました。

　また，「教師に聞いてから道具を使う」というような決まりについても，だいぶ意識できるようになっています。たとえば，休み時間に，教師に対して，「○○を貸してください」と伝えて遊び道具を入手することができるようになってきました。さらには，遊んでいた道具を友達が使いたがっているときには，教師が途中で介入し，状況を伝えることで「いいよ」と言って貸してあげたり，一緒に使いながら遊んだりする様子も見られています。

　以上のように，他者を意識することができるようになったので，児童Bは，最近では，友達が居ないことに気付いたときには，「○○さんはどこ？」や「○○さんはお休み？」などと，教師に聞いてくることも多くなりました。今後，自分の気になることや嫌なことがあったときに怒るのではなく，どんなことがあったのかを伝えることができるような力を付けて，さらに人を意識したコミュニケーション力を身に付けていってほしいと願っています。

　　　　　　　　　　　　　　　　　　　　　　　　　　　（長瀬　敦）

4　健康の保持＝精神保健につながる自己理解の指導

> 自己の障害の特性の理解を深め，自ら生活環境に主体的に働きかけ，より過ごしやすい生活環境を整える力を身に付けるために必要な「障害の特性の理解と生活環境の調整に関すること。」を新たに示すこととした。
> （解説自立活動編，p57）

　今回の学習指導要領では，健康の保持の区分の中に「(4) 障害の特性の理解と生活環境の調整に関すること。」が新設されました。これは，「発達障害や重複障害を含めた障害のある幼児児童生徒の多様な障害の種類や状態等に応じた指導を一層充実するため」であると記載されています（解説自立活動編，p18）。

　この項目に関して，解説自立活動編では，ADHDの生徒に対して「対人関係に関する技能を習得するなかで，自分の特性に気付き，自分を認め，生活する上で必要な支援を求められるようにすることが大切である」といった例が示されています（解説自立活動編，p58）。つまり，障害のある自分を正しく認識し，自己の環境を調整するために行動できるようになるための授業や指導を行うことが求められているということです。

　たとえば，解説自立活動編では，感覚の過敏やこだわりのある自閉症児の場合が例示されています。そこでは，大きな音や予定通りに物事が進まないと情緒が不安定になるケースに対して，単に音を除去したり，予定を細かく予告してあげるといった「大人（社会）の側が配慮する」ことだけでなく，本人自身が「自ら刺激の調整を行い，気持ちを落ち着かせることができるようにすることが大切である」と指摘されています。

　具体的には，「自分から別の場所に移動したり，音量の調整や予定を説明してもらうことを他者に依頼したりする」力を自立活動の時間に育てていくことが例示されています（解説自立活動編，p57）。

もちろん，自分の障害やその特性について「いつ」「何を」理解させるかについてはケースごとに異なります。また，その方法（「どのように」）についても，「個別的に指導する」ことが適切なケースもあれば，「集団で学ぶ」ことが効果的な場合もあるでしょう。また，自分の障害を理解するという点だけでなく，本人の今と将来の生活についても丁寧に「つなぐ」ことが必要となります。なぜなら，「自分には発達障害がある」ということを知っただけでは，「どうせ自分は社会で生きていけないんだ……」「自分は社会に必要とされていないんだ……」と，自己を否定的に捉えることに終始してしまい，社会と積極的にかかわりをもとうとしなくなる可能性もあるからです。

　そのため，こうした子どもに対しては，「健康の保持」の区分の中で，「障害の自己理解」を促していくだけでなく，「心理的な安定」（(1)情緒の安定に関すること。）に関する指導も並行して行うことが必要な場合もあるでしょう。

　このように，障害を理解する過程では，自分のできないところを見つめる時間となりますので，心のケアを十分に行うことが大切です。具体的には，ストレッチなどの心身を解放する活動や，運動やクラブ活動のような楽しい取組の中でストレスを発散したりして，身体と精神の両面を整えていく自立活動を展開することが大切です。

　もしかすると，こうした授業や指導は，必要に応じてこれまでにも多くの知的障害特別支援学校で行われてきたことかもしれません。今後は，そうした実践を，自立活動として意図的，計画的に指導していくことが求められると考えます。

　特に，「健康の保持」の領域の中に，障害の自己理解に関する項目が位置付けられたことを受けて，「精神的な健康（メンタルヘルス）」を保つ力を身に付ける自立活動の実践開発が求められます。

Question

 自立活動の「人間関係の形成」と「コミュニケーション」の違いは，身体的にやりとりするか，言語的にやりとりするかの違いですか？

　自立活動における「人間関係の形成」と「コミュニケーション」には，多くの共通点があります。以下，解説自立活動編に掲げられている項目を比べてみても，どちらの区分においても，他者からの働き掛け（意図）を理解し，自分からも働き掛けられるようにすることが共通の課題となっています。

3　人間関係の形成	6　コミュニケーション
(1)　他者とのかかわりの基礎に関すること。 ↓ 他者からの働き掛けを受け止め，それに応ずること	(1)　コミュニケーションの基礎的能力に関すること。 ↓ 自分の意図を伝えたり，相手の意図を理解したりして適切なかかわりができる

（解説自立活動編，p67およびpp92-93を筆者がまとめた。）

　そもそも，コミュニケーションの最高形態である「言葉」というものは，「人と人の間をつなぐ道具（心理的道具）」です。そうした言葉によるコミュニケーションが難しい子どもに対して，自立活動の時間に言葉でつながる前に「人間関係」を形成するということが必要である一方で，言葉によるやりとりを行う前の「コミュニケーション」を指導する必要があると考えれば，両者に共通性があることは自然なことです。そのため，自立活動の授業では，あえて身体的なやりとりは「人間関係の形成」で，言語的なやりとりは「コミュニケーション」で行うというように，「機械的」に区別する必要はありません。両者が重なり合っていることを意識しながら，複数の区分を総合的に捉えて指導課題や活動内容を導き出していくことが大切です。

第5章
今後の新しい授業実践を創造するために

1 新しい学習指導要領に基づく特別支援教育の授業づくりの課題

　本書は，平成30年３月に出された特別支援学校学習指導要領解説（総則編，各教科等編，自立活動編）を筆者なりに読み解き，授業づくりにつないでいくことを目的にして編集されたものです。

　今回出された特別支援学校学習指導要領解説は，とても充実した，分厚い内容となっており，読んで理解するのにとても時間を要するものとなっています。たしかに筆者も，３冊に分けられた特別支援学校学習指導要領解説を机の上に置き，総則編と各教科等編，自立活動編を交互に手に取りながら，見比べたりして内容を理解してきました。

　また，新しい学習指導要領を読みながら，「これまでの学習指導要領ではどのような記述の仕方であったか？」という点についても気になるところが多く出てきました。そして，この点を確認するために，筆者もその都度，平成21年に出された学習指導要領解説などを取り出して，読み返しました。

　このように，筆者が新しい学習指導要領解説を読解するまでのプロセスを丁寧に記述すれば，これから学習指導要領を理解しようとする人にとって，分かりやすい本になると考え，本書が編集されました。

　特に，本書では，知的障害児を中心に「新しい学習指導要領解説に基づき授業づくりを行うとどうなるのか？」という点を中心的なテーマとして論じています。

　今回，改訂された特別支援学校学習指導要領は，本書で繰り返し指摘してきたように，小学校および中学校の学習指導要領との連続性を意識して，各教科等編を中心に大幅に目標や内容の記載が加筆修正されました。これに伴い，少なくとも学習指導案のレベルでは，新しい学習指導要領で用いられて

いる表現に沿った記述の仕方をしていく必要があると考えています。

　本書はこうした点にこたえるべく，茨城大学教育学部附属特別支援学校の先生方に全面的に協力をしていただき，新しい学習指導要領に沿った学習指導案を作成し，それをもとに授業づくりのポイントを「解説」しました（本書pp60-66参照）。

　といっても，ここに掲載されている学習指導案の多くは，これまでに書いたものを，新しい学習指導要領に沿った形で書き換えるとどうなるのかという点を検討していただいたものです。そのため，掲載した学習指導案を見ても，「これまでの実践とあまり変わらない」と感じる箇所もあったのではないかと考えます。

　この点は，むしろ重要なことであると考えます。それは，新しい学習指導要領が出たからといって，授業実践の全てが変わるわけではないからです。そして，「変わらないこと」と「変えていかなければならないこと」を整理することで，今後の授業づくりの方向性が見えてくるのではないかと考えます。

　そして，こうした整理・検討を通して，今後の授業づくりに関して検討すべきことがらがいくつか見えてきたと筆者は感じています。たとえば，「学びに向かう力，人間性等」を「目標」として学習指導案に記述していくには，どのような表現がよいのか。また，そもそも，「人間性等」は目標として設定することができるものなのか，などです。

　そこで，本書のまとめとして，今後，新しい学習指導要領のもとで，特別支援教育の授業実践を創造していくために検討すべき課題や留意点を以下に指摘しておきたいと考えます。

2 「資質・能力」の育成と授業づくりに関する留意点

　新しい学習指導要領では,「何を学んだか」ということから「どのような資質・能力を身に付けたか」という点を重視する実践へとシフトしていくということに特徴があります。

　これは,予測困難な,流動的な時代を生きる子どもたちにとって必要な教育であり,こうした視点での教育実践改革は全世界的にみても不可避であると考えられます。しかし,その一方で,こうした視点で実践を展開していくことに不安がないわけではありません。

　たとえば,授業の目標となる「育成を目指す資質・能力」が,子どもの生活現実を無視したところから下ろされてきて,教師(あるいは社会・国家)の側から必要な教育内容が決められてしまうのではないかという懸念です。

　今回,改訂された特別支援学校学習指導要領解説においても,PDCAサイクルは重視され,絶えず授業を改善していくことが求められています(解説総則編,p272)。そのため,育成すべき「資質・能力」を設定するためには,アセスメント等によって計画(Plan)を立てることが期待されています。ただし,こうした発達検査等の結果をもとに,機械的に育成を目指す資質・能力(あるいは,各教科の目標や内容)を設定するというのでは,子どもが主体的に学ぶことを阻害してしまうことにもなりかねません。

　筆者はこうした大人サイドの論理で授業が展開されないようにするために,「学びに向かう力,人間性等」をベースにした授業を展開していくことがとても重要であると考えています。

　つまり,新学習指導要領における授業づくりは,子どもが主体的・対話的に学ぶこと(アクティブ・ラーニング)をベースにしたものでなければなら

ず，子どもが「学ぶ価値がある」と実感できる授業となっているか，という点を常に意識することが大切であると考えます。

たとえば，アクティブ・ラーニングという視点から考えると，子どもが偶然，手に取ったものを「学び」へとつなげていくことは，むしろ歓迎すべきこととして考えられます。こうした偶然性から発展する学習活動こそ，予測困難な，流動的な時代を生きる子どもたちにとって必要な力へと変化していくのではないかと筆者は考えています。

このように考えると，PDCAサイクルとアクティブ・ラーニングは併存できるのかという疑問も生じます。今後，授業づくりにおいては，どのような「資質・能力」を身に付けていくのかといった目標設定と，楽しくアクティブに学ぶ（偶然性をも許容できる）学習活動を用意することの両側面から考えていくことが必要です。

学習指導要領の視点からみると，これらは教育の内容（学習目標）と方法（学習活動）をつなぐ「カリキュラム」の開発が教師に求められているのだといえるでしょう。

3 「学びに向かう力，人間性等」を評価することはできるか？

　新しい学習指導要領では，「学びに向かう力，人間性等」は，「目標」として位置付けられています。そして，これまでの学習指導要領に比べると，「学習評価の充実」が求められているという点も，本書を通してみてきた通りです。

　こうした点をふまえると，「学びに向かう力，人間性等」を学習指導案上の「目標」の欄に記入することが必要となると考えます。そして，目標に記入したことは，それを適切に評価していくことが求められるでしょう。言い換えると，これからは授業等を通して「学びに向かう力」が身に付いたのかという評価を行っていかなければならないということです。

　もちろん，授業を行った結果として，学びに向かう力がみられたかという点を教師が確認するということ自体は必要でしょう。しかし，そうした姿が出てくることを目標にして授業をするというような本末転倒の実践とならないように留意することが必要です。

　加えて，「人間性」というものは，そもそも授業において育成を目指す「目標」に掲げるべきものなのかどうか，という点は今後も検討が必要でしょう。学習指導要領解説を詳細に読むと，「学びに向かう力」に関係すると思われる記述は多くみられますが，「人間性」に該当するのはここだと，はっきりと分かる記述はあまりないように筆者には感じられました。

　ましてや，それを評価する基準や方法については，学校現場にゆだねられている点も多く，この点についても，今後，検討が必要となるでしょう。新しい学習指導要領においても，「学びに向かう力，人間性等」を評価することについて，観点別学習状況の評価や評定はなじまないということが指摘さ

れています（解説総則編，p271）。

　そのため，個人内評価や学習過程の評価（ポートフォリオ評価などの形成的評価等）を併用しながら，子どもの学びが生涯にわたって継続する力や態度を育てられているのかどうかを確認していくという教師の姿勢がとても重要になると考えます。

　今後，特別支援学校において評価に焦点をあてた学校研究や研究授業を行う場合には，こうした多様な評価活動をどのように展開していくのかという点を検討していく必要があると考えます。

4 小学校・中学校との連続性を意識した授業づくりの課題

　さらに，小学校や中学校の学習指導要領との連続性を意識した授業づくりを展開する上で留意すべき点を指摘しておきたいと思います。

　この改訂の背景には「インクルーシブ教育の推進」が挙げられています。たしかに，小学校で学んでいた子どもが特別支援学校に転入したとたんに，小学校と連続性が乏しい目標や内容に変わってしまったというのでは，インクルーシブな社会（教育）とはいえません。そのため，こうした改訂は昨今の国内外の状況を鑑みて，必要不可欠なものであると考えられます。

　ただし，このように考えると，小学校や中学校の学習指導要領には位置付けられていない「領域・教科を合わせた指導」や「自立活動」をどのように捉えるべきなのか，検討しなければならなくなります。

　このうち，自立活動に関しては，「各教科等において生じているつまずき」を「改善・克服する」というように，学習指導要領の中で位置付けが明確に示されています。そのため，自立活動は，小学校や中学校の学習指導要領に接続する教科等の学習を行うための「下支え（基盤）」を形成するという位置付けであり，小学校や中学校の教育課程との関連性が認められます（本書p136参照）。

　一方で，生活単元学習などの領域・教科を合わせた指導についてはどうでしょうか。

　領域・教科を合わせた指導に関する項目だけをみれば，法令上も，または学習指導要領における記載もこれまでと同じですので，理論上，従来の通り実践することができます。

　おそらく，領域・教科を合わせた指導を大切にしてきた研究者や教師は，

新しい学習指導要領で大きく取り上げられた「主体的・対話的で深い学び（あるいはアクティブ・ラーニング）」は生活単元学習や作業学習において，従来から行われてきたことだと主張し，その正当性を述べることでしょう。筆者もその点については特に否定するつもりはありません。

　しかし，今後は，各教科の指導においても主体的（アクティブ）に学ぶ授業づくりが求められており，これまで生活単元学習等で大切にしてきた指導方法を各教科の学習においても実践できるように，授業を改善していくことになります。そのため，この点を主張するだけでは，領域・教科を合わせた指導を今後も充実させていく根拠とはなりません。

　また，生活単元学習や作業学習の中には，各教科等の目標や内容はすでに，十分に，盛り込まれているのだから，領域・教科を合わせた指導を行っていれば大丈夫，という意見もあるかもしれません。こうした意見についても，筆者は「理論上，そういう説明は可能である」という立場をとっています。

　すなわち，各教科等を合わせた「単元学習」を充実させれば，全ての教科の基本を学ぶことができるという理屈は，日本においても歴史的には存在しましたし，特別支援教育に関しては，そうした実践が長く展開されてきた経緯があります。そのため，領域・教科を合わせた指導は各教科の指導を包括する実践であるという主張は，理論上，不可能ではありません。

　しかし，新しい学習指導要領の「趣旨」は，インクルーシブ教育の推進を意図して，小学校や中学校の授業との連続性を確保することが求められているという点にあります。こうした趣旨をふまえれば，特別支援教育において各教科等を合わせた「単元学習」重視の実践を推進するならば，一般の小学校や中学校においても教科指導を中心に行うのではなく，「コアカリキュラム」の時間割を編成することが必要だという論理になってしまいます。

　それでは，はたしてこうした論理が現在の小学校や中学校の先生にどのくらい受け入れられる考え方となるでしょうか。

　筆者は，こうしたさまざまな捉え方を総合したうえで，生活単元学習は各教科等で指導すべき「資質・能力（あるいは見方・考え方）」を総合化する

ための授業として位置付けることが妥当なのではないかと考え，本書を執筆しています（本書，pp24-26参照）。

　もちろん，こうした捉え方についても，一方からは，「それは従来から行われてきた生活単元学習とは違うものだ」という批判が寄せられることでしょう。また，他方からは，「そうだとしたら，生活単元学習と呼ばずに小学校や中学校に合わせて『総合的な学習の時間』として位置付けるべきではないか」という声も聞こえてきます。

　本書では，こうした特別支援教育の教育課程をめぐる論争に理論的に応答するものではありませんので，詳細な議論は別に譲りたいと考えています。ただし，新しい学習指導要領に基づき実践を展開しようとしたら，「領域・教科を合わせた指導」をどのように捉え，教育課程に位置付けるかという点については，今後，検討が必要であるということは，本書で指摘しておきたいと考えます。

5 今後の新しい授業づくりに向けて

　一方，インクルーシブ教育の推進という理念に基づき，小学校や中学校の教育課程と接続するべく特別支援学校の学習指導要領が改訂されたという点について，懸念がないわけではありません。

　たとえば，今回の学習指導要領改訂では，特別支援教育の側が小学校の学習指導要領の目標や内容に合わせたという点はとても明確になっていますが，小学校のほうが特別支援教育に歩み寄った点があったのかどうかという点はあまり明確にされていません。

　具体的にみてみると，国語の目標などは「日常生活に必要な言葉を育てる」という点を共通項にして，小学校と特別支援学校の目標をうまく連続させています。

　一方で，今回の改訂では，小学校の学習指導要領に示されている内容に接続できるように，特別支援学校の学習指導要領が合わせた形で改訂されたように思われます。そのため，小学部1段階の比較的重度の知的障害児に対しても，国語で「書くこと」の内容が示されています（解説各教科等編，pp85-86）。算数・数学においては，中学部1段階の生徒に対して「データの活用」という領域が含まれています（解説各教科等編，p314）。

　今後，こうした重度障害児の各教科の指導において，小学校に接続するそれぞれの「領域」をどのように取り扱っていくべきなのか，検討が必要です。

　もちろん，これらの内容は，全ての子どもに指導しなければならないというものではありません。授業づくりにおいては，子どもの発達や関心をふまえて，個々の子どもにふさわしい学習内容を選定することが前提です。そのため，学習指導要領に記載されている内容だから，授業で必ず取り扱わなけ

ればならないといった，安易かつ機械的な授業実践とならないように留意しなければなりません。

　本書でも指摘してきたように，学習指導要領は「大綱的」な性格をもった「基準」を示すものです。そのため，授業づくりにおいては，学習指導要領に示されている範囲の中で，子どもが最大限に成長していくことができる学習内容や学習活動を用意することが教師に求められています。

　言い換えると，授業づくりの指針が学習指導要領によって示されたのであれば，教師はそれを読解し，自分が担当している子どもの実態に即した授業実践を開発していかなければなりません。これは「基準」と「実際」のあいだで創意工夫していくことが教師の専門性＝実践力であるということを意味しているとも考えられます。

　そして，そうした実践力は，「基準」と「実際」のあいだを自在に往来する教師の熟達した教材開発や指導技術によって支えられていると考えます。

　本書は，以上のように「基準」と「実際」のあいだを往来する教師が，新しい授業を開発するために，どこに視点を定めて学習指導要領を読み込んでいくのかという点について，ヒントとなる情報や考え方を整理して提供することを試みたものです。子どもの実態が多様な特別支援教育の現場で，本書がみんなで楽しく，アクティブに学ぶ授業を創造しようとする教師の一助となれば幸いです。

【編著者紹介】

新井　英靖（あらい　ひでやす）
茨城大学教育学部准教授

【著者紹介】

茨城大学教育学部附属特別支援学校

　　遠藤貴則　　大村弘美　　菊池雅子
　　来栖智史　　橘乃布衣　　長瀬　敦
　　滑川　昭　　鳩山裕子　　山本征紀
　　吉田史恵　　渡邉　崇

〔イラスト〕佐藤花菜
　　　　　　（茨城大学教育学部学校教育教員養成課程
　　　　　　　特別支援教育コース）

特別支援教育サポートBOOKS

特別支援学校　新学習指導要領を読み解く
「各教科」「自立活動」の授業づくり

2019年1月初版第1刷刊	Ⓒ編著者　新　井　英　靖
2021年6月初版第7刷刊	著　者　茨城大学教育学部附属特別支援学校
	発行者　藤　原　光　政
	発行所　明治図書出版株式会社
	http://www.meijitosho.co.jp
	（企画）佐藤智恵（校正）川﨑満里菜
	〒114-0023　東京都北区滝野川7-46-1
	振替00160-5-151318　電話03(5907)6703
	ご注文窓口　電話03(5907)6668
＊検印省略	組版所　中　央　美　版

本書の無断コピーは，著作権・出版権にふれます。ご注意ください。

Printed in Japan　　　　　ISBN978-4-18-261938-0
もれなくクーポンがもらえる！読者アンケートはこちらから→

特別支援教育サポートBOOKS

全員参加！全員熱中！大盛り上がりの指導術

道村静江 著

読み書きが苦手な子もイキイキ 唱えて覚える漢字指導法

鉛筆を持たない、書かないけれど効果バツグンの漢字指導法

どうしたら漢字を楽しく確実に学べるか研究しつくしてきた著者が明かす指導の手立てをまとめました。通常の学級の読み書きが苦手な子どももノリノリ、書かずに口で言えればよい！トメハネハライは気にしない！音読カード不要…と目からウロコ、効果バツグンの指導方法です。

192ページ　四六判　1,800円+税　図書番号：1117

平成29年版

学習指導要領 改訂のポイント

通常の学級の特別支援教育

『LD, ADHD&ASD』PLUS

上野一彦 監修
『LD, ADHD&ASD』編集部・笹森洋樹 編

大改訂の学習指導要領を最速で徹底解説！

平成29年版学習指導要領改訂と今後の特別支援教育の方向性を徹底解説。育成を目指す資質・能力と個に応じた指導、特別支援教育の視点を取り入れたカリキュラム・マネジメント、「合理的配慮」と「基礎的環境整備」ほか実践あわせて掲載。充実の付録・資料を収録。

120ページ　B5判　1,960円+税　図書番号：2714

明治図書　携帯・スマートフォンからは **明治図書ONLINEへ**　書籍の検索、注文ができます。▶▶▶

http://www.meijitosho.co.jp　＊併記4桁の図書番号（英数字）でHP、携帯での検索・注文が簡単に行えます。

〒114-0023　東京都北区滝野川7-46-1　ご注文窓口　TEL 03-5907-6668　FAX 050-3156-2790